올 댓 취업

올댓
all that job
취업

윤찬진·강현규·최진희 지음

매일경제신문사

머리말

　명문대를 나오고도 취업이 안 되는 이유는 무엇일까? 주어진 커리큘럼 안에서 공부 잘하는 기술은 터득해 명문대에 입학했지만 정작 내가 무엇을 잘하는지, 어느 곳에서 일하고 싶은지를 알고 도전하는 기술은 없기 때문이다. 공부를 잘한다고 해서 일도 잘하는 것은 아니다.

　특히나 요즘 기업은 예전과 달리 좋은 학벌을 가진 인재보다는 자신이 원하는 일을 알고, 그 일에 맞는 능력을 준비한 '일 잘하는 인재'를 필요로 한다. 그렇기 때문에 자신이 지원한 업무에 대해 누구보다도 잘 할 수 있다는 것을 증명해야 취업할 수가 있다. 그만큼 취업은 어려워졌고 취업준비생들이 알아야 할 것은 많아졌다. 《올 댓 취업》은 대학 졸업을 앞두고, 혹은 지금의 일이 아닌 다른 일을 찾고자 하는 취업준비생을 위한 책이다.

우리는 디지털 시대에 살고 있다. 기업 또한 IMF 이후 평생직장에서 평생직업 시대로 회사의 개념이 바뀌면서 채용 전략도 디지털 시대에 맞춰 변화하고 있다. 그러나 취업 희망자들의 취업 전략은 아날로그 시대에 맞춰져 있기 때문에 취업이 더 어려운 것이다.

기업환경이 급변함에 따라 많은 기업이 회사의 생존을 위하여 인사제도를 개선했다. 조직원의 의식 전환 및 변화를 위해 과감한 투자와 교육을 쉬지 않는 이유기도 하다. 강도 높은 교육 등을 통하여 아날로그 시대(평생직장)에 맞춰져 있는 기존 조직원의 직업관 및 의식을 디지털 시대(평생직업)에 맞게 강조하고 있는 것이다. 기업의 환경 변화에 빠르게 적응할 수 있는 인재로 만들기 위해서다.

인크루트의 설문조사에 의하면 실제 채용 직무와 관련된 내용의 추천이 있을 경우 74.3%가 우대하거나 가산점을 줄 의향이 있다고 답했다. 기업 입장에서는 실제 직무와 연관된 지인이나 인맥의 추천을 주효하게 검토하는 것으로 나타났다. 이 모든 것이 일 잘하는 인재를 뽑기 위함이 아니겠는가? 따라서 취업준비생들도 디지털 시대(평생직업)에 맞게 교육 받고 여타 다른 지원자들과 다른 나만의 차별화 비법, 기술을 터득해 왔다는 모습을 보여야 취업에 성공할 수 있다.

옛날에는 어른들이 배우자를 결정하여 통보하면 본인에 의사와 관계없이 결혼했다. 요즘은 당사자가 직접 결정하라고 한다. 둘이 결혼해 평생을 살기 때문이다. 채용도 변화했다.

과거 기업들의 채용은 인사부서가 신입사원을 채용하여 필요 부서에 보내기만 하면 됐다. 그러나 요즘 기업들의 채용은 인사부서가 채용에 대한 업무 진행만 하고 결정은 같이 근무할 부서장에게 준다. 좋은 학벌이 아닌 직무에 어울리는 인재를 뽑기 위함이며, 직무를 통해 지원자가 기업에 얼마나 기여할 수 있는지를 보고자 함이다. 따라서 현장(채용) 부서장은 '경력 같은 신입'을 좋아한다. 채용 시에 희망하는 업무와 관련한 '인턴', '아르바이트' 등의 경험 등에 대해 관심을 갖게 될 수밖에 없다. 이런 준비가 된 지원자는 인사담당자의 눈에 직업관이 명확한 지원자, 자신의 커리어에 대한 목표의식이 뚜렷한 지원자로 보인다.

인사는 사람(人, Human Resources) + 일(事, Job)이다. 따라서 사람에 대한 인품은 물론이고, 일(Job)에 대한 명확한 직업관은 아주 중요하다. 취업하고 싶은가? 그렇다면 디지털 시대에 맞는 취업준비를 시작해야 한다. 디지털 시대에 걸 맞는 평생직업을 갖기 위해서는 무엇보다 커리어 로드맵을 작성하고 직무 중심의 서류전형 작성법, 실무진 면접을 기본으로 한 면접 유형별 취업준비가 필요하다.

졸업까지 미뤄가면서 영어와 자격증 공부에 매달려 스펙 쌓기에 오늘도 바쁘게 살아가는 취업준비생들에게 스펙보다 더 중요한 것이 바로 일을 잘 할 수 있는 능력이라는 것을 말해주고 싶다. 《올 댓 취업》의 저술 이유기도 하다. 직무능력을 통해 자신만의 차별화 된 색깔을 보여주는 지원자가 되기를 바란다.

저자 윤찬진, 강현규, 최진희

Contents

PART 03
면접

취업시장

1

취업시장의 이해

취업을 위한 잠깐 제안

취업을 위한 원칙(규칙)은 없다. '기업 규모', '업종', '업태', '면접관'에 따라 전부 다르다. 취업을 준비하고 있다면 이 점을 명심하고, 각 상황에 맞게 준비해야 한다. 그 이유를 4가지로 나누어 보자.

이유 1: 정석은 없다

인사는 자연과학이 아니고 사회과학이다. 즉, '1+1=2'가 아니다. 발전 속도가 가장 느린 학문이 있다면 인사학문일 것이다. 따라서 인사담당자는 언제나 "답은 없다. 답을 위해 갈 뿐이다", "정답은 없다. 다만 모범답안이 있을 뿐이다"라고 이야기한다. 취업도 정답은 없다. 다만 모범답안이 존재할 뿐이다.

이유 2: 심리전이다

'人事(취업)'는 심리학과 밀접한 학문이다. 최근 기업들이 심리학 전공자들을 인사담당자로 채용하는 사례가 늘고 있는 것도 이 때문이다. 단시간 내에 사람이 사람을 평가해 채용을 결정해야 하기 때문이다. 심리전은 한마디로 느낌 싸움이라할 수 있다. 채용은 지극히 주관적이다. 때문에 사람마다, 보는 관점에 따라 평가는 다르다. 따라서 지원자 입장에서는 내가 만약 인사담당자라면 어떤 사람에게 높은 점수를 줄 것인가를 '역지사지'의 태도로 생각해야만 한다.

이유 3: 때로는 운(運)도 필요하다

그동안 수많은 취업을 진행한 전문가 입장에서 말하자면 취업에 운도 따라야하는 것을 부인할 수는 없다. 운은 말 그대로 어쩌다의 요행일 뿐, 노력을 이기는 전략은 없다는 점을 명심하자. 그러나 "노력한 자에게 운도 따른다!"

이유 4: 취업정보가 스펙을 이긴다

좋은 학벌과 스펙을 가지고도 취업이 안 되는 경우가 있다. 상대에게 입사하고 싶은 본인의 진정성을 보여주지 못했기 때문이다. 기업들은 남들과 엇비슷한 스펙을 지닌 지원자를 뽑고 싶은 게 아니다. 얼마나 우리회사에 입사하고 싶은 지원자인지, 우리회사에 입사해서 지원업무를 하기 위해서 어떠한 준비를 남다르게 해왔는지를 보고 싶은 것이다.

따라서 해당기업에 대한 정보와 지식이 많은 지원자가 유리하다. 취업스터디나 여타 활동을 통해 다른 지원자들보다 지원기업과 직무에 대해서 더 많은 정보를 알고 있다면 인사담당자에게 진정성을 보여주기가 훨씬 수월하다.

취업시장에는 어떤 일이?

● 명문대 출신자도 취업 못하는 시대

소위 명문대 출신의 대단한 스펙을 가진 지원자가 불합격하는 것은 왜일까? 인사는 '사람(人, Human Resources)'+'일(事, Job)'이다. 따라서 사람에 대한 인품은 물론이고, 일에 대한 명확한 직업관은 아주 중요하다. 고학력자, 또는 외국어 능력자들이 탈락하는 이유를 자세히 들여다보면 단순 스펙이 아니라 해당 일에 대한 전문성과 지식을 요구하는 현실의 변화를 인지하지 못하고 점수 쌓기식의 준비만 하고 있다는 데 있다.

서울의 명문대학 졸업생을 만난 일화다. 그는 학점 3.7, 토익 750점의 평범한 스펙을 가진 청년실업자로 ○○기관에서 하는 취업특강에 참석했다. 별다른 문제가 없어 보이는 그가 계속 취업에 실패한 이유를 그의 자기소개서를 보고 알 수 있었다. 15년 전인 IMF 이전에 작성하던 내용과 구성인 것이었다. 1998년 외환위기를 겪으면서 기업들의 문화도 많이 바뀌었다. 기존의 학벌 위주 채용에서 직무능력을 중심으로 바뀐 것이다. 취업에도 엄연히 트렌드가 있다. 채용 트렌드를 알고 준비해야 성공할 수 있다. 즉, 트렌드를 읽으면 성공이 보인다.

인사관리 변화 및 기업환경 변화를 도표로 간단하게 나타내면 다음과 같다.

● 레디 투 잇(Ready To It)형 인재 선호는 계속된다

레디 투 잇(Ready To It) 인재란 바로 먹을 수 있는, 즉 바로 활용할 수 있는 인

인사관리 · 전략 변화에 따른 '취업전략'

	과거(평생직장)		현재(평생직업)	
1	집단·연공	➡	개인·성과	평생직업
	학력, 근속, 온정주의적 집단주의에 기초한 인적자원관리에서 개인의 다양성과 공헌도를 가려 주는 성과 중심 또는 능력 중시의 인적자원관리			
2	사람	➡	일	
	근속이나 자격, 개인 배경을 중시한 '선사람 후직무'에서 조직의 전략적 특성과 직무의 가치를 먼저 고려하고 거기에 맞는 사람을 선정·개발하는 '선직무 후사람'체제			
3	표준형 인재	➡	전문형 인재	
	어떤 일에도 무난하고 무엇이건 두루두루 중간 정도 할 수 있는 인재를 기르는 것이 아니라 특정 분야에서 확실한 전문능력을 발휘하는 인재 양성			
4	내부노동시장	➡	외부노동시장	
	이미 확보된 인력을 배치·전환시키고, 보상하고, 승진시키고, 육성하는 내부노동시장 중심의 인적자원관리에서, 우수인력을 확보하고, 내보내고, 또 아웃소싱하는 외부노동시장 중심의 인적자원관리			
5	수직구조	➡	수평구조	
	조직의 구조가 단순해지며, 수평적 커뮤니케이션이 활성화 되고, 현장 관리자에게 책임이 대폭 이양될 수 있는 인력관리체계			
6	인사부서	➡	현장관리자	
	본사의 인사시스템이 주축이 되어 획일적으로, 또는 권위적으로 집행되는 인적자원관리 업무가 현장 부문과 현장관리자의 의견과 권한이 존중되는 분권적·탄력적 인적자원관리			
7	국내	➡	국제	
	국내비즈니스가 아니라, 국제비즈니스를 전제로 인력관리를 해야 하며, 국내인력에 국한된 인력관리가 아니라, 세계시장의 인력을 활용할 수 있는 인적자원관리			

재를 말한다. 기업은 경력사원 같은 신입사원을 원한다. 그리고 당분간은 이런 트렌드가 지속될 것으로 보인다. 이유는 너무나 간단하다. 불확실하고 빠르게 변화하는 환경 속에서 인재 하나하나를 교육시켜 활용하기에는 기업에게 주어진 시

간이 부족하기 때문이다. 요즘은 아무리 대기업이라 하더라도 10년 앞을 내다보기 힘들다. 세계 1위 핸드폰 제조회사였던 노키아(Nokia)나 후지필름(Fujifilm)의 몰락을 예로 들 수 있겠다.

게다가 신입사원을 실컷 교육시켜 놓으면 언제 떠날지 모른다. 투입과 산출을 중요시하는 기업에서 이보다 비효율적인 일은 없다. 그러므로 이런 위험요소를 줄이고 안정적인 자원을 확보하기 위해 아예 준비된 인재를 선호하는 것이다.

이런 이유로 당분간은 직무수행능력 정도가 취업 과정에서 승패를 가르는 가장 중요한 부분으로 작용할 것으로 보인다. 다시 한 번 명심하자. 기업에서 가장 중요하게 보는 것은 '직무와 관련된 준비 정도'이다. 기업들의 채용은 이제 직무 중심으로 바뀌고 있다. 이미 많은 기업들이 인사부서 중심의 채용에서 현장부서장 중심 채용으로 전환했다.

그 이유도 인사제도 변화(연봉제, 성과급제, 팀제, 사업부제, 직무급제)와 관련이 있다. 현장부서장에게 사원의 채용, 교육, 평가, 급여(성과), 해고까지의 권한과 책임을 주는 회사가 점점 증가하고 있다는 현실을 취업 희망자는 반드시 알아야 한다. 따라서 지원부서에 대한 업무 내용, 본인의 적성, 지원업무에 대한 확고한 소신 및 계획 등이 명확해야 한다.

현장(채용)부서장은 '경력자 같은 신입'을 좋아한다. 따라서 채용 시에 희망하는 업무와 관련한 '인턴', '아르바이트' 등의 경험 등에 대해 관심이 높다.

구분	채용시장 변화	용어 정립	급여제도
IMF 이전	평생직장	취직(就職)	호봉제
IMF 이후	평생직업	취업(就業)	연봉제 성과급제/직무급제

※직무급제란 입사동기생이라 하더라도 업무 노하우, 문제해결, 파급효과 등에 따라서 인사고과에 'A등급'을 받더라도 수행하는 직무에 따라 '급여 인상 상한선'은 다르게 두는 제도다.

인사담당자들에게 '취업 과정에서 가장 중요하게 보는 것이 무엇인가'란 질문을 하면 대부분 '인성'이나 '태도'라고 답변한다. 그러나 이것은 사실이 아니다. 함정이다. 답변은 이렇게 하지만 실제 취업 과정에서 중요한 역할을 하는 것은 바로 직무수행능력이다.

● 진짜 인재와 가짜 인재를 구별하라, 심층면접 증가

요즘은 취업전쟁 시대다. 웬만한 기업의 취업경쟁율은 100:1을 훌쩍 넘긴다. 따라서 청춘들이 애처롭다. 취업이 워낙 지상명제가 되다 보니 취업률을 갖고 학교 수준을 결정하기도 한다. 그러니 학교와 학생이 혼연일체가 되어 취업을 위한 훈련을 한다. 많은 학교에서 소위 모의면접 훈련을 한다. 실제 기업에서 면접을 보는 것처럼 질문하고 답하면 답변 내용을 모범답안에 맞추어 교정해준다.

이러다 보니(유사한 모범답안) 이제는 진짜 인재를 고르기 쉽지 않아졌다. 앵무새처럼 비슷한 모범답을 말하기 때문이다. 따라서 인사담당자의 고민은 깊어만 간다. 누가 진짜 인재인지 구분할 수가 없다. 이에 따라 기업에서는 진짜 인재를 가려내기 위해 심층면접을 실시한다.

소위 지원자들이 가지고 있는 스펙들이 단지 취업을 위한 스펙을 준비한 것인지, 아니면 어떠한 목적을 가지고 준비한 것인지를 보고 싶어 하기 때문이다. 인터넷을 통한 합격 자기소개서 등을 토대로 자신의 이야기가 아닌 거짓말로 자기소개서를 작성하는 사례가 늘어나면서 기업에서는 진짜 인재와 가짜 인재를 구별하기 위한 심층면접까지 등장하게 된 것이다.

● 토익점수 NO, 영어 말하기 면접 증가

과거에는 토익점수를 통해 외국어(영어)능력을 파악했다. 그러나 이제 기업은 토익점수와 영어 말하기는 업무능력과 큰 관련 없다는 것을 알았다. 토익점수를 취득하는 부분은 어느 정도 스킬적인 측면이 크다. 2012년 취업포털 잡코리아에 따르면 주요 기업 401곳을 대상으로 조사한 결과, 66.1%가 신입사원 공채 시 토익이나 토플 등 어학점수 제한을 두고 있지 않다고 답했다.

이는 2011년 공채시즌(61.9%)보다 4.2%p 늘어난 수치다. 기업 형태별로는 외국계 기업의 79.7%가 어학점수에 제한이 없었으며, 국내 대기업(64%), 공기업(56%) 순이었다. 반면 주요 기업의 절반 가량은 신입사원 채용 시 영어면접을 시행할 계획인 것으로 조사됐다. 기업의 30.9%는 직무에 상관없이 전체 지원자를 대상으로, 20.4%는 직무별로 부분 영어면접을 진행하겠다고 답했다.

영어면접을 시행하지 않는다고 한 기업은 48.6%에 그쳤다. 특히 대기업의 20.6%는 오픽(OPIc)이나 토익스피킹 같은 영어 말하기 어학점수 제출을 의무화했다. 좀 더 적극적인 기업은 아예 원어민 면접관을 통해 말하기능력을 테스트한다. 지금은 기업들이 직접 스피킹 능력을 파악하기 위한 노력을 기울인다. 이에 따라 '영어 말하기'의 중요성은 향후 더욱 강화될 전망이다.

● 인턴을 통한 정규직 전환 증대

한국고용정보원이 작성한 2011년 하반기 주요 기업 채용전망 보고서를 보면, 매출 상위 100대 기업의 81.1%가 인턴 채용 계획을 세웠다. 2012년에도 어김없이 상반기·하계 인턴 공고가 쏟아지고 있다. 그만큼 경쟁도 치열하다. 취업 관련 인터넷 사이트에는 취업 합격 후기만큼이나 인턴 합격 후기가 '감격스럽게' 올라온다.

구직 경쟁에 앞서 인턴 합격 경쟁에 진이 빠지는 경우가 허다하다. 인턴 경력을 발판으로 취업이 아닌 또 다른 인턴 자리를 구하는 '인턴 돌려막기'도 흔하다. 이러한 인턴제도에 변화를 가져오게 된 것은 2009년 삼성의 파격적인 인턴제도 실시가 족매제 역할을 했다.

삼성전자는 2009년 지금까지 삼성직무적성검사(SSAT)만으로 선발해 실습 후 면접에 일부 가점을 주던 인턴십과는 달리 SSAT 및 면접으로 선발하고 실습 성적이 우수하면 최종면접을 거쳐 실제 채용으로 연결하는 인턴제도를 전격 도입했다. 2009년 하반기 삼성전자는 약 800명의 인원을 인턴십을 통해 선발하게 되고, 이후 LG전자도 유사한 인턴제도를 도입하게 된다. 그리고 지금은 많은 기업들이 속속들이 인턴제도를 도입하고 있다.

업종별 취업 동향

● 전기·전자

전기·전자 업종은 이공계 전공자를 70~80% 정도 뽑기 때문에 이공계 구직자가 노려볼 만하다. 면접에서는 전공 분야 지식과 이를 전달하는 발표력 등 직무 전문성이 우선시된다. IT 업종은 채용 때 전공시험을 강화하고 있으므로 이에 대한 대비가 필요하다. 해당 분야의 국제자격증 등 전문기술을 검증할 수 있는 자격증을 우대하는 기업이 많다.

특히, 삼성전자는 면접에서 전문성을 중요하게 보고 있다. 2009년 인턴제도를 적극적으로 도입하고 있는 이유도 학생들이 인턴십을 통해 기업이 필요로 하는 부분을 사전에 인지하고 남은 기간 동안 이를 보완하도록 하는 목적이 크다.

또한 IT 기업을 중심으로 캠퍼스 리크루팅이 활성화되고 있으므로 이를 전략적으로 활용할 필요가 있다. 캠퍼스 리크루트에서 열정을 보여 채용된 사례도 있다. 채용 여부를 떠나 지원하는 회사에 대한 분석과, 기업의 분위기를 읽을 수 있을 것이다. 또 지원하는 직무에 대한 지식을 파악할 수 있으므로 캠퍼스 리크루팅을 적극 활용할 필요가 있다.

●금융

금융계에서는 서류전형·면접 등 기본적인 전형 외에 필기시험이나 인성·적성 검사를 치르는 기업이 늘고 있다. 합숙전형을 도입해 집단토론, 술자리 평가, 새벽 등산 등으로 지원자의 직무 적합성과 팀워크를 종합 검증하기도 한다.

또한 증권회사의 경우 공인회계사(CPA)자격증이 도움이 되며, 펀드매니저를 희망하는 사람은 운용전문인력시험에 합격해야 한다. 그리고 평소 경제·금융에 대한 지식과 앞으로 전개될 금융업계의 흐름을 바탕으로 금융 국제화·자유화 등 문제에 대해 생각해 두면 면접 때 도움이 된다.

금융은 가장 인기 있는 직종 중 하나다. 연봉이 타 직종에 비해 월등히 높은데다 자신의 능력을 발휘하기가 비교적 쉬운 분야이기 때문이기도 하다. 그러나 인기 있다는 얘기는 그만큼 경쟁이 치열하다는 의미이기도 하다. 따라서 남다른 준비가 필요한 분야다. 스펙도 중요하지만 우선 직무에 대해 잘 파악하자. 특히, 금융상품에 대한 분석과 연구를 통해 차별화 우위를 점할 수 있도록 해야 한다.

● 자동차 · 조선

국내 대표 수출 품목인 자동차나 해외 수주가 대부분인 조선업계는 글로벌 경쟁력이 있는 인재를 선호한다. 해외 각지에 있는 현지 공장에서 근무하거나 영업활동을 할 수 있어야 하므로 영어 등 어학능력은 필수다.

생산현장에서 다양한 배경을 가진 근로자들과 함께 일할 수 있는 협업능력도 중시된다. 사업 규모가 크고 공동작업이 많은 조선업종은 특히 대인관계에 능한 인재상을 요구한다. 최근에는 전문지식과 인성을 종합 평가하기 위해 1박 2일간 집단 합숙면접을 실시하거나 심리학 전문가를 동원하는 경우도 있으므로 면접 평가에 대한 철저한 대비가 필요하다.

● 건설

현장 근무가 많은 업종 특성상 친화력과 리더십이 있는 실무형 인재를 선호한다. 또 도전정신과 추진력도 중요한 역량 중의 하나다. 건설업계의 경우는 건설 관련 전공자를 중심으로 채용하기 때문에 지원계통의 전공은 물론 해당 분야의 기사 등의 자격취득은 필수다.

건설업체들의 해외 진출이 활발해지면서 외국어 실력에 대한 평가 비중도 늘고 있다. 예를 들어 삼성물산은 건설 부문은 따로 영어면접을 실시하고 있으며, 다른 평가에서 모두 좋은 점수를 받더라도 영어능력이 부족하다고 판단될 경우 불합격 처리될 수 있다. 제2외국어 능력을 갖추고 있으면 유리하다. 일부 건설회사에서는 필기시험을 실시하는 곳도 있으므로 사전에 꼼꼼한 파악이 필요하다.

●식음료

식품업계의 경우 식품 관련 자격증을 요구하는 일부 부문을 제외하면 특별한 자격이나 우대사항은 없다. 주로 자기소개서와 면접을 통해 지원자의 인성과 역량을 판단한다.

최근에는 제품 평가나 맛 평가 등 자사제품에 대한 이해와 관심을 알아보기 위한 면접도 실시하므로 사전에 이에 맞는 준비가 필요하다. 모 그룹의 경우 맛에 대한 감각과 독창성을 주요 채용 기준으로 삼아 향과 맛을 구별하고 제품 마케팅 전략 등을 보는 평가 등으로 면접을 진행하기도 한다.

2

나에게 맞는 직업 선택을
위한 4단계 전략

　　직업 선택은 한두 가지로 정의할 수 없는 매우 다양한 요인들이 존재한다. 그러나 여러 가지 요인 중 '자기 자신 이해하기'는 진로 선택에 있어 항상 선행되어야 할 첫 번째 과제다. 그동안 진로 지도에 있어 외국에서 전파된 이론과 검사들에 의지하다 보니 수많은 이론과 방법들 중 어떤 것을 선택해야 할지 또 어떤 방법을 활용해야 할지 혼란스러웠던 것이 사실이다. 또 그 실효성에 의문을 제기하는 사람이 많았다.

　　그리고 그러한 검사들을 활용한다고 해도 명확하게 지신의 진로와 직업을 선택하는 것이 쉽지 않다. 이에 필자는 수년 동안 고민한 결과, 진로 선택에 있어 중요한 시점에 있는 청년층이 손쉽고 효과적으로 접근할 수 있는 방법과 절차를 제시하고자 한다.

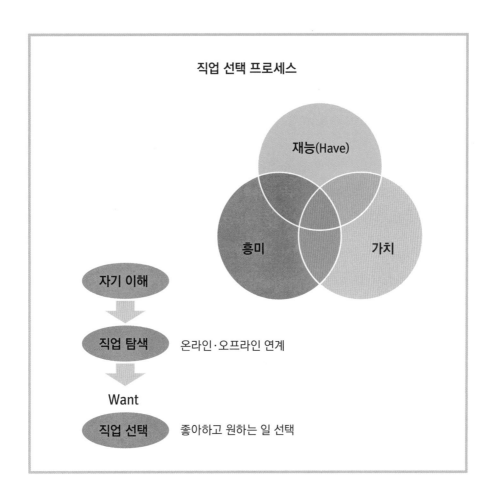

직업 선택 프로세스

재능(Have)

흥미

가치

자기 이해

↓

직업 탐색　　온라인·오프라인 연계

↓

Want

직업 선택　　좋아하고 원하는 일 선택

1단계: 자기 이해

● 재능(강점, Have)

자기 이해의 첫 번째 요소는 바로 자신이 재능을 나타내는 영역을 찾는 것이다. 이론에서는 이를 적성이라고 한다. 적성이란 어떤 일을 쉽게 해낼 수 있는 능력, 자기가 잘할 수 있는 일을 말한다. 사람의 능력은 개개인에 따라 뛰어난 부분과 그렇지 않은 부분이 다르다. 음악, 글쓰기에는 뛰어나지만 운동을 못하는 사람이 있다고 하면 그 사람은 음악, 글쓰기를 하는 데 요구되는 능력을 다른 사람보다 더 많이 가지고 있다는 뜻이며, 음악, 글쓰기 분야가 자신의 적성에 맞는다고 할 수 있다. 그러므로 적성은 특정 분야에 대한 수행능력 가능성의 정도나 어떤 직업에서 성공, 실패의 가능성과 직무만족의 가능성을 추측케 할 수 있는 요인이다.

아무리 좋아하는 일이라도 그 일을 잘 못하면 직업세계에서 도태될 수 있다. 주어진 일을 잘함으로써 사회에서 인정 받게 되면 그 일이 더 좋아지고 자꾸 하고 싶어진다. 따라서 직업 선택에 있어서 무엇보다 중요한 것은 자신의 재능을 나타낼 수 있는 일을 선택하는 것이다.

나의 재능, 즉 강점을 찾는 방법에 주요사건기술법이 있다. 주요사건기술법은 자신의 과거 중 성공과 실패 경험을 통해 강점과 약점을 찾는 방법이다. 자신의 인생을 주요사건별로 10대 뉴스를 정리하는 것이다. 가장 최근의 사례가 기억에 가장 생생할 것이므로 최근 순으로 작성한다. 성공 경험이 많으면 향후 입사지원서 작성이나 면접에서도 큰 도움이 될 것이다. 따라서 4, 3, 2, 1기법을 활용해 아래 표에 직접 10대 뉴스를 만들어 보도록 하자.

구분		성공 뉴스	발휘된 능력
대학교	4		

고등학교	3		
중학교	2		
초등학교	1		

성공 경험을 정리했다면 이번에는 실패 경험과 좌절했던 경험도 정리한다. 성공 경험만큼 소중한 경험이 바로 실패와 좌절 경험이다. 실패가 많다는 이야기는 그만큼 도전을 많이 했다는 증거이기도 하며, 실패를 통해 배우기도 하기 때문이다.

여기서는 실패를 통해 나의 미숙함과 약점을 찾아내는 것이 목적이다. 자기 자신의 약점을 잘 알고 있는 것 또한 미래를 준비하는 데 있어 전략적으로 중요한 포이트기 때문이다. 실패는 3, 2, 1로 해보자.

구분		실패 뉴스	실패 이유	배운 점
대학교	3			
고등학교	2			
중학교	1			

주요사건기술법에서 작성했던 성공과 실패 경험을 통해 나의 강점과 약점을 정리해 보자. 또 나의 성공 경험에서 나타났던 나의 주요한 능력과 역량들을 적어 보자.

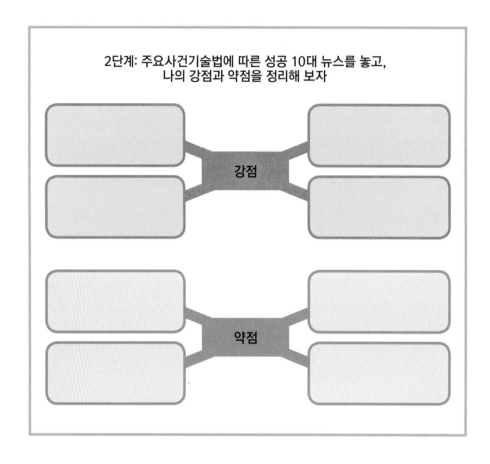

2단계: 주요사건기술법에 따른 성공 10대 뉴스를 놓고,
나의 강점과 약점을 정리해 보자

강점

약점

●흥미

자신이 갖고 있는 장점을 파악했다면 그 다음 순서는 '흥미'를 느끼는 부분을 찾는 것이다. 흥미란 어떤 일이나 활동에 대해 호의적이고 수용적인 관심 및 태도를 말한다. 이는 능력이나 기능과는 달리 어떤 일이나 활동을 잘할 수 없다 하더라도 그러한 일이나 활동에 호기심과 관심을 가지게 되는 것을 뜻한다. 사람은 일생 동안 자신의 흥미를 발견하고 또한 개발해 나가야 한다. 특히 젊은층에게는 장래 진로의 방향을 결정하고 직업을 선택하는 데 있어 흥미는 매우 중요한

역할을 하게 된다.

흥미는 자신에 대한 스스로의 고찰, 타인의 관찰, 객관적인 검사 방법 등 여러 가지를 통해 파악할 수 있다. 가장 대표적인 방법으로는 홀랜드의 흥미검사가 있다.

홀랜드에 따르면, 사람들의 흥미는 6가지 유형으로 구분할 수 있다. 환경도 그 환경에서 일하는 사람들의 흥미에 대응하는 6가지 유형으로 구분할 수 있다. 사람과 환경 유형이 일치하는 경우 최대한의 잠재력을 발휘한다. 홀랜드가 말하는 사람들의 6가지 흥미 유형 특징은 다음과 같다.

홀랜드 유형으로 알아보는 심리검사는 만 18세 이상 성인은 누구나 가능하며, 학력의 제한을 받지 않는다. 피검사자가 의도적으로 응답하는 것을 피하기 위해 가능한 신속하게 응답하도록 유도한다. 흥미검사를 하는 방법은 한국고용정보시스템(www.work.go.kr)에서 무료로 해볼 수 있다. 아래 내용을 참조해 흥미검사를 해보자.

6가지 흥미 유형별 특성

구분	현실형(R)	탐구형(I)	예술형(A)	사회형(S)	진취형(E)	관습형(C)
흥미특성	분명하고 질서정연하고 체계적인 것을 좋아함. 연장이나 기계를 조작하는 활동 내지 기술에 흥미	관찰적·상징적·체계적이며 물리적·생물학적·문화적 현상의 창조적인 탐구를 수반하는 활동에 흥미	예술적 창조와 표현, 변화와 다양성을 선호하고 틀에 박힌 것을 싫어한다. 모호하고, 자유롭고, 상징적인 활동에 흥미	타인의 문제를 듣고, 이해하고, 도와주고, 치료해주고, 봉사하는 활동에 흥미	조직의 목적과 경제적인 이익을 얻기 위해 타인을 지도·계획·통제·관리하는 일과 그 결과로 얻어지는 명예, 인정, 권위에 흥미	정해진 원칙과 계획에 따라 자료를 기록·정리·조직하는 일을 좋아함. 체계적인 작업환경에서 사무적·계산적 능력을 발휘하는 활동에 흥미
자기평가	사교적 재능보다는 손재능 및 기계적 소질이 있다고 평가	대인관계 능력보다는 학술적 재능이 있다고 평가	사무적 재능보다는 혁신적이고 지적인 재능이 있다고 평가	기계적 능력보다는 대인관계적 소질이 있다고 평가	과학적 능력보다는 설득력 및 영업능력이 있다고 평가	예술적 재능보다는 비즈니스 실무 능력이 있다고 평가

타인 평가	겸손하고 솔직하지 만 독단적이고 고집 이 센 사람	지적이고 현학적이 며 독립적이지만 내성적인 사람	유별나고 혼란스러 워 예민하지만 창 조적인 사람	이해심 많고 사교 적이고 동정적이며 이타적인 사람	열정적이고 외향적 이며 모험적이지만 야심이 있는 사람	안정을 추구하고 규율적이지만 유능 한 사람
선호 활동	기계나 도구 등의 조작	자연 및 사회현상 의 탐구, 이해, 예측 및 통제	문학, 음악, 미술 활동	상담, 교육, 봉사 활동	설득, 지시, 지도 활동	규칙을 만들거나 따 르는 활동
적성	기계적 능력	학구적 능력	예술적 능력	대인지향적 능력	경영 및 영업 능력	사무적 능력
성격	현실적이고 신중한 성격	분석적이고 지적인 성격	경험에 대해 개방적 인 성격	동정심과 참을성이 있는 성격	대담하고 사교적인 성격	현실적이고 성실한 성격
가치	눈에 보이는 성취에 대한 물질적 보상	지식의 개발과 습득	아이디어, 정서, 감정 의 표현	타인의 복지와 사회 적 서비스의 제공	경제적 성취와 사회 적 지위	금전적 성취와 사회, 사업, 정치 영역에서 의 권력 획득
회피 활동	타인과의 상호 작용	설득 및 영업 활동	틀에 박힌 일이나 규칙	기계·기술적 활동	과학적, 지적, 추상 적 주제	명확하지 않은 모호 한 과제

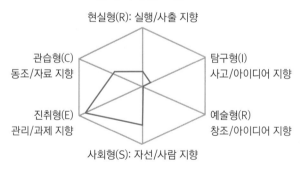

직업선호도검사(샘플)

당신의 흥미코드: ES(진취형/사회형)						
구분	현실형(R)	탐구형(I)	예술형(A)	사회형(S)	진취형(E)	관습형(C)
원점수	9	5	3	23	30	15
표준점수	45	45	41	63	74	54

흥미 육각형 모형

현실형(R): 실행/사출 지향

관습형(C)
동조/자료 지향

탐구형(I)
사고/아이디어 지향

진취형(E)
관리/과제 지향

예술형(R)
창조/아이디어 지향

사회형(S): 자선/사람 지향

예시와 같은 결과표를 얻을 수 있다. 자신의 흥미코드를 확인한 후 흥미 유형별 특성을 알아두면 된다.

● 가치

가치는 욕구의 인지적 표상으로 개인의 중요한 기본신념이다. 가치는 곧 동기의 원천이자 개인적인 충족의 근거가 된다. 가치를 파악해 봄으로써 자기인식의 개발에 도움이 되며, 현대의 직업불만족 원인이 무엇인지를 파악할 수 있게 해준다. 직업가치 역시 직업을 결정하는 데 있어 중요한 요소 중 하나다.

우리나라 대학생들이 직장을 선택할 때 가장 중요하게 보는 기준은 60.9%가 연봉이나 복리후생을 보고 선택하며, 19.3%가 고용안정, 그리고 9%가 성장 가능성을 고려해 직장을 선택한다고 한다. 적성에 맞거나 자신에게 진정으로 가치 있는 일을 선택하는 비율은 고작 4.1%에 불과하다.

그렇다 보니 대기업에 취업해도 1년 이내에 퇴사하는 비율이 28%에 이른다. 자신이 가치를 느끼지도 않는 일을 주위의 시선과 가족의 압박 때문에 '우선 들어가고 보자'는 식의 확고한 목표 없이 입사했다가 견디지 못하고 퇴사하는 것이다.

직업의 가치를 파악하는 방법에는 한국고용정보시스템(www.work.go.kr)을 활용해 직업선호도검사와 마찬가지로 무료로 가치관검사를 받아 볼 수 있다. 직업 선택 시 중요하게 생각하는 직업가치관을 측정해 자신의 직업 가치를 확인하고 그에 적합한 직업 분야를 안내해 주고 있다. 또한 직업 가치를 측정할 수 있는 하위요인을 13가지로 나누어서 설명하고 있으며 손쉽게 직업에 대한 가치를 측정할 수가 있다.

자신을 이해하고 파악하는 활동은 직업 선택에 있어 매우 중요한 과정이다. '내가 아직도 고양이인 이유는 자신 속에 숨어 있는 사자를 발견하지 못했기 때문'이라는 말이 있다. 자신이 지니고 있는 재능(강점), 흥미, 자신이 느끼고 있는 가치를 파악하는 것은 매우 중요한 활동이라는 의미다. 굳이 검사가 아니더라도 흥미검사, 가치관검사를 통해 자신에 대해 이해하게 됨으로써 확고하고 분명한 진로를 설정할 수 있는 바탕이 된다. 또한 자신감을 갖게 해준다.

2단계: 직업 탐색하기

직업에는 어떤 것들이 있을까? 직업 선택 과정 2단계는 다양한 직업을 간접적으로나마 체험하는 것이다. 우리나라에만 무려 1만 6,000여 개 이상의 직업이 존재한다고 한다. 그리고 산업환경 변화와 함께 해마다 새로운 직업들이 생겨나고 있다.

하지만 한국직업능력개발원의 조사에 의하면 대부분의 사람들은 기껏해야 235개 정도의 직업만을 알고 있다고 한다. 더구나 진로를 선택하는 가장 중요한 시기인 청소년기에는 19개 정도의 직업만을 알고 있다. 그렇다 보니 실제로 자신이 원하고 좋아하는 일을 찾을 기회조차 갖지 못하는 것이 현실이다.

따라서 우리가 자신에게 맞고 정말로 좋아하는 직업을 찾기 위해서는 직업에 대한 정보 활용을 통한 간접경험과 동시에 아르바이트나 인턴 등 직접 직업에 대한 경험을 할 수 있는 기회도 쌓아 직업군 전반에 대한 이해의 폭을 넓혀야 한다.

● 인터넷을 통한 직업정보 검색

직업의 이해 폭 확대를 위한 몇 가지 방법이 있다. 첫째, 직업 관련 홈페이지를 방문하는 것이다. 노동부에서 운영하는 워크넷(http: //work.go.kr)을 방문해 직업정보와 전망 등 다양한 정보를 얻을 수 있다. 이것은 직무기술에 초점을 두어 만들어진 것으로 관련 자격이나 요구되는 교육훈련의 정도 등을 포함한다.

또 우리나라를 대표하는 14개 분야 218개 직업에 대한 상세 정보를 수록하고 있는 '한국직업전망서'도 향후 5년간 각 직업에 대한 고용전망을 비롯해 하는 일, 근무환경, 되는 길 등이 자세히 수록되어 있으며, 직업의 미래, 성장 직업과 신생 직업 등의 내용도 제공하고 있다. 따라서 이러한 정보를 수록하고 있는 홈페이지나 직업사전 등을 통해 직업에 대한 사전정보를 접하고 원하는 일을 찾는 작업에 들어간다면 훨씬 효율적으로 '원하는 일'을 찾을 수 있을 것이다.

외에도 직업에 대한 다양한 정보를 찾을 수 있는 '한국직업정보시스템, 직업능력개발원, 중소기업청 취업알선센터, 국방부 국방취업정보센터, 한국산업인력

직업정보를 구할 수 있는 웹사이트

- 노동부 고용안정 정보망 http: //www.work.go.kr
- 한국직업정보시스템 http: //www.know.work.go.kr
- 직업능력개발원 http: //www.careernet.re.kr
- 중소기업청 취업알선센터 http: //mp.smba.go.kr
- 국방부 국방취업정보센터 http: //mndjob.or.kr
- 한국산업인력공단 해외취업 사이트 http: //www.worldjob.or.kr

공단 해외취업 사이트 등을 방문해 여러 가지 유용한 정보를 참조할 수 있다. 모든 직업을 다 본다는 것은 시간적으로나 현실적으로나 무리다. 본인이 기존에 파악한 재능, 흥미, 가치와 관련 있는 직업 중심으로 정보를 파악하는 것이 효과적이다.

● 직업인 관찰 및 인터뷰

직업의 이해를 위한 두 번째 활동은 평소 직업에 관심을 갖고 관찰하고 틈나는 대로 이에 대한 정보를 수집함과 동시에 관심 있는 직업인을 인터뷰하는 방법이다. 우리는 평소 생활현장에서 무수히 많은 직업인들을 만난다.

예를 들어 몸이 아파 병원에 가면 의사와 간호사를 만날 수 있다. 쇼핑센터를 가면 판매종사자, 관리직, 매장관리자 등의 직업군을 만날 수 있다. 친구들과 시내를 나가면 바리스타, 자동차 판매원 등을 접할 수 있다. 또 음악회에 가서 연주자, 지휘자, 성악가, 가수 등도 만나 보고 운이 좋으면 이들을 만나 이야기하거나 인터뷰할 수도 있다.

이처럼 생활 속에서도 마음먹기에 따라 얼마든지 다양한 직업인을 만나고 정보를 파악할 수 있다. 그리고 그들이 하는 행위를 세심하게 관찰해 보면 외관상 보이는 모습 뿐 아니라 일의 내용, 그 일을 하기 위한 고충 등 다양하게 직업과 관련된 정보를 구할 수 있다. 그리고 직업탐색의 중요성을 인식하고 있지 못하기 때문에 그냥 지나친다. 이제는 관심 있는 영역에 대하 관찰하고 만나서 직접 얘기해 보는 노력이 필요하다. 이를 통해 기대 이상의 수확을 얻을 수 있을 것이다.

3단계: 좋아하고 원하는 일(Want) 찾기와 직업 선택

우리는 앞에서 재능(강점) 영역과, 흥미, 그리고 가치를 파악하는 활동을 차례

	1단계
	• 좋아하고 원하는 직업 찾기는 자신의 강점, 흥미, 직업가치 등을 참조한다. • 다시 한 번 정리해 보는 시간을 갖는다. • 정리해 자신의 여러 가지 측면이 더 또렷하게 보일 것이다.
재능(강점)	사람들을 만나고 대인관계를 형성하는 데 뛰어남 추진력 있음 아르바이트 시 적극적으로 영업, 매출을 획기적으로 올린 경험 있음 상대의 호기심을 불러일으키는 대화기술이 있음
흥미	홀랜드검사 결과 진로 숙성이 잘 된 경우로 사회형으로 나타남 **사회형** 다른 사람들의 정신적·영혼적·사회적·신체적 및 직업적 문제에 관심을 가지고 도와주려는 흥미를 가진다. 이런 흥미 때문에 이들은 타인과의 신체적·정신적·정서적, 또는 영혼의 안정을 향상시키는 일에 만족감을 갖는다. 말하기·듣기를 잘하고 의사소통이 잘되며 도움이 필요한 다른 사람과의 접촉을 중요하게 여기는 사람들이다. 대표적인 직업군으로 사회복지가, 교사, 간호사, 종교지도자, 상담자 등으로 분류된다. 어렸을 때 흥미 있었던 일: 과학자
가치	아버지가 기업체를 다니다 조기퇴직했고, 형도 명예퇴직해서 안정에 가장 큰 가치를 두고 있음
내가 탐험한 직업	대기업 임원, 영업직, 마케팅, 대학교수, 인사관리 등의 직무에 대해 관심을 가지고 찾았음

대로 수행했다. 하지만 이런 일련의 활동만 가지고 직업을 선택한다는 것은 무리일 것이다. 그리고 앞에서 어느 정도 직업 선택에 대한 윤곽이 잡혔다고 하더라도 확신까지는 아닌 경우가 대부분이다. 따라서 좋아하고 원하는 일 찾기 활동을 통해 미래의 직업을 선택하는 과정을 거치도록 한다.

첫째, 1단계로 그동안 파악한 재능 영역, 흥미, 가치의 결과들을 모아 놓고 살펴본다. 이번에는 위의 예시를 보고 직접 하도록 하자. 재미있는 시간이 될 것이다. 다음 양식에 지금 까지 직·간접적으로 해왔던 활동들을 생각하며 차분히 정리해 보자.

앞의 예시를 보고 양식들을 채워 본다.

둘째, 2단계로 원하는 일, 하고 싶은 일, 되고 싶은 일을 찾아본다. 앞에서 재능과, 흥미, 가치 등을 파악한 결과 동일한 분야가 나타났다면 이상적이겠지만 그렇지 않은 경우가 더 많을 것이다. 따라서 가능한 다양한 분야의 직업탐색을 전제로 아래 양식들을 참조해 일을 찾아보도록 하자.

내가 원하는 것, 하고 싶은 것, 되고 싶은 것을 정할 때는 다음 몇 가지 사항에 유의해야 한다. 첫째, 현재 본인이 처한 환경적 제약에서 벗어나야 한다. 전공, 집안환경 등 주어진 환경에 제약을 받게 되면 진정으로 원하는 것을 찾을 수 없게 된다. 둘째, 눈을 감고 조용히 생각에 잠겨 본다. 그리고 지금까지 내가 찾았던 (작성했던) 강점, 적성, 가치 등을 회고해 보고 내가 진정으로 원하는 일이 무엇인지 생각해 본다.

셋째, 생각이 정리되면 다음 표에 적어 넣는다.

원하는 것을 작성했으면 이번에는 가장 중요한 '하고 싶은 것'을 작성하도록 한다. 이 부분이 향후 하고 싶은 일이기도 하다. 하고 싶은 것(일)을 작성했으면 이번에는 되고 싶은 것 차례다. 되고 싶은 것은 하고 싶은 것의 연장선상이다. 즉, 하고 싶은 것을 통해 이루고자 하는 목표 수준이다.

다음의 3가지 표를 작성한 다음 본인이 원하는 일을 하나 선택한다. 그리고 자신이 원하는 직업을 최종 선택한다. 혹시 앞에서 했던 흥미, 적성 파악 활동이 아무 의미가 없지 않나 생각한다면 이는 그릇된 생각이다. 직업 선택이라는 중요한 결정에 있어 다양한 경험과 흥미, 적성 등을 파악할수록 모든 요소를 고려해 올바른 판단을 내리게 되는 것이다.

우리는 여러 가지 프로세스를 통해 직업을 선택해 보았다. 물론 과정이 완벽한 프로세스라고 단언할 수는 없다. 하지만 활동의 반복을 통해 어느 정도 까지 진로 방향을 설정할 수 있다. 그리고 이런 고민과 과정이 반복되고 많은 검토가 이루어질수록 자신에게 적합한 직업을 선택할 수 있을 것이다.

앞에서도 언급한 바 있지만 자신을 최대한 활용할 수 있는 사람은 성공한 사람이며, 자신을 활용하지 못한 사람은 실패한 사람이다. 닮고 싶은, 혹은 선망하는 사람처럼 되기 위해서는 어떻게 해야 할까. 그 답은 명확하게 나와 있다. 자신이 잘하고, 진정으로 좋아하고 즐길 수 있는 일을 찾아서 하면 되는 것이다.

직업 탐색 비교표

가치 요인	직업탐색 1	직업탐색 2	직업탐색 3	직업탐색 4
직업명				
하는 일				
되는 길(전공)과의 부합도				
일자리 전망				
보수				
성격과의 조화				
흥미와의 조화				
가족들과의 부합도				
근무환경				
남보다 잘할 수 있는 적합도				

직업 선택

(직접 해보자) **내가 좋아하고 원하는 직업**

원하는 것은 어느 것이건 가능하다. 돈, 명예, 보람, 안정, 행복, 여유, 일과 삶의 균형, 권력, 도전, 위험 감수, 영향력, 독립성, 다양함, 사회적 지위, 남에게 기쁨 주기 등

직업 선택의 사유

순위	직업명	사유	기타
1			
2			
3			
4			
5			

직업을 선택하는 과정이 정형화되어 있는 것은 아니지만 우선 자기이해 (재능, 흥미, 가치)를 한 후에 2단계로 직업탐색을 하고, 3단계에서는 이를 참조해 다시 한 번 원하고 좋아하는 일을 직관에 의지해 찾아 보는 것이다. 이런 부분을 고려해 최종 적으로 직업을 선택하면 성공 가능성이 높아질 것이다.

만약 원하는 일과, 현실적인 상황 또는 적성이 상치(相馳)될 때 어느 쪽을 선택해야 할 까? 많은 사람들이 동일한 고민에 빠질 때가 있을 것이다. 천재적인 적성을 보이지 않 는 한 좋아하고 원하는 일을 선택해 행복도 같이 찾는 것이 후회하지 않는 길일 것이 다. 그리고 현실적인 상황 때문에 현재의 전공이나 일을 하고 있는 것이라면 선택한 전 공과 일을 사람하며, 또한 본인이 원하는 꿈을 포기하지 말고 지속적으로 발전시켜 나 가야 한다.

4단계: 나를 이끄는 비전과 실행계획

앞장에 나와 있는 여러 가지 방법을 통해서이건, 아니면 본인이 오랫동안 생각 해 오던 '좋아하고 원하는 일'을 결정했다면 이제 취업 성공 뿐 아니라 인생 성공 의 발판 위에 올라섰다고 할 수 있다. 여러분이 찾은 좋아하고 원하는 일을 가지 고 미래의 청사진을 그려 보도록 하자.

비전은 내가 선택한 직업을 통해 이루고 싶은 미래상이다. 따라서 앞서 내가 선택한 직업을 통해 이루고 싶은 미래의 청사진을 그려보는 것이다. 즉, '하고 싶 은 일' + '되고 싶은 것'이라고 할 수 있다.

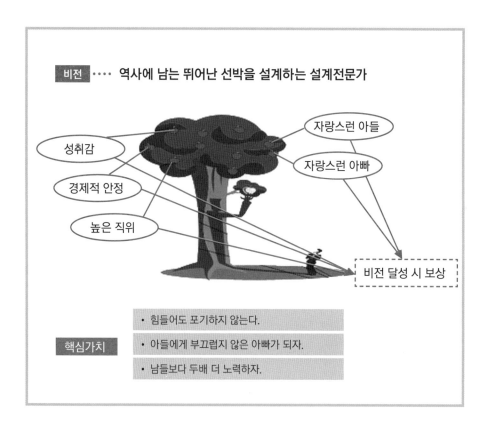

비전 ···· **역사에 남는 뛰어난 선박을 설계하는 설계전문가**

성취감

자랑스런 아들

자랑스런 아빠

경제적 안정

높은 직위

비전 달성 시 보상

핵심가치

- 힘들어도 포기하지 않는다.
- 아들에게 부끄럽지 않은 아빠가 되자.
- 남들보다 두배 더 노력하자.

이 예시에서 비전은 '역사에 남는 뛰어난 선박을 설계하는 설계전문가'다. 이처럼 비전은 10년 혹은 20년 후의 나의 미래상이며 이상적인 모습이다. 그리고 비전은 가슴을 뛰게 하는 것이며 열망이 느껴지는 것이어야 한다. 열매 모양과 연결된 둥근 원에는 내가 비전을 달성했을 때 얻어지는 보상이다. 또한 이러한 비전을 달성하게 하는 바탕에는 핵심가치가 있다. 핵심가치는 반드시 이루고야 말겠다는 굳은 신념과 삶에 대한 원칙이다.

● 비전 달성을 위한 실행계획

비전 달성 다음 단계는 비전 달성을 위한 강력한 실행계획이 필요하다. 이상적인 비전을 설정해 놓고도 제대로 실행하지 못해 성과를 내지 못하는 경우가 얼마나 많은가? 그 이유 중의 하나는 바로 비전에 대한 구체적인 실행전략이 없기 때문이다. 비전만 설정하고 결과가 나오기만을 기다린다는 것은 마치 과일나무를 심어 놓고 과일나무 아래에서 과일이 익어 저절로 떨어지기만을 기다리는 것과 크게 다르지 않다.

비전은 꿈과 다르기 때문에 비전 달성을 위해서는 반드시 행동으로 옮길 수 있는 실천계획이 필요한 것이다.

맛있는 과일을 먹고 싶다는 목표(비전)를 세웠다면 과일나무가 잘 자랄 수 있

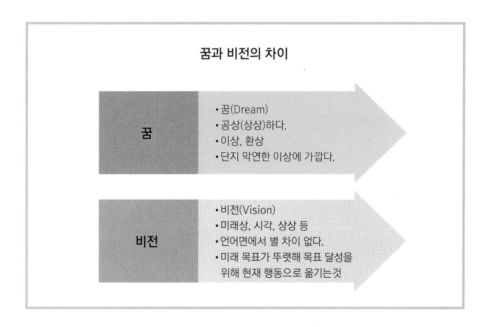

꿈과 비전의 차이

꿈	• 꿈(Dream) • 공상(상상)하다. • 이상, 환상 • 단지 막연한 이상에 가깝다.
비전	• 비전(Vision) • 미래상, 시각, 상상 등 • 언어면에서 별 차이가 없다. • 미래 목표가 뚜렷해 목표 달성을 위해 현재 행동으로 옮기는것

단계별 주요목표 수립

- 목표는 비전을 달성하기 위한 단기적 세부 실행전략이다.
- 따라서 목표는 3가지 요소를 꼭 필요로 한다. 언제, 무엇을, 어떻게가 포함되어야 한다.
  ※ 일반적으로 SMART공식을 말하기도 하지만 when, what, how 정도가 포함되면 충분하다.
- 꾸준히 목표를 수립하고 실행하게 되면 반드시 비전을 달성할 수 있을 것이다.

비전 ‥‥‥

_____ 년
_____ 년
_____ 년
_____ 년
_____ 년

도록 비료를 주고 과일나무 주위에 있는 잡풀도 제거해주며, 때마다 가지도 잘라주어 양분이 필요한 곳에 전달되게 만든다. 어디 그뿐인가. 때로는 병충해 방지를 위해 약을 뿌려야 한다. 게다가 적당한 때에 수확하는 것 또한 중요하다. 이렇게 끊임없이 맛이 뛰어나고 크기도 큰 과일이 열릴 수 있도록 관리하는 것이 필요하다. 그래야 누구보다 풍성한 결실을 거둘 수 있는 것이다.

직업을 선택, 즉 목표를 정했으면 비전 달성을 위한 연 단위의 실행계획이 필요하다. 이러한 실행계획을 반복하다 보면 자신도 모르게 비전에 다가가 있는 자신의 모습을 볼 수 있을 것이다.

비전 달성 취업 성공 사례: 경기도 성남소재 K대학교 임○○ 군

임○○ 군은 서울에 있는 한 고등학교를 졸업했다. 임 군은 수능점수가 잘 나오지 않아 편입을 염두에 두고 일단 한 대학의 식품공학과를 입학했다. 친구들은 서울에 있는 대학에 입학했는데 본인만 희망한 대학에 가지 못한 것이 속상해 1학년 1학기를 대충 마치고 7월에 군대를 자원해 제대했다. 제대 후 1학년 2학기에 본격적으로 편입 공부를 위해 쉽게 학점을 취득할 수 있는 '진로와 설계'의 패스 과목을 신청했다.

그러나 강의를 들으면서 편입할 시간에 차라리 취업준비를 하는 것이 낫겠다고 결심하고 편입을 포기했다. 임 군은 취업목표를 C그룹 식품사업부와 P회사 식품 관련 부서로 정했다. 그러나 관련 과목을 수강하지 않고 마땅한 목표가 없는 학생들과 어울리다 보니 처음에 본인이 세웠던 취업 마인드가 약해지고 목표가 희석되어 가고 있었다.

그러나 이렇게 해서는 절대로 취업이 되지 않겠다는 생각이 들자 목표가 뚜렷해졌다. 자신이 지금 무엇을 할 수 있는지 앞으로 3년 후 어느 자리에 있을 것인지 냉철히 생각해 본 것이다. 임 군은 일단 취업지원부서에 연락해 매학기 3~4번에 걸쳐 취업특강을 듣고 유용한 수업이 있다면 기꺼이 청강했다. 취업강의를 계속 들으니 목표가 명확해지고 응용할 수 있는 여러 가지 사례를 찾을 수도 있었다.

첫 번째로 매년 상반기·하반기 식품박람회장을 방문했다. 목표로 하는 2개 회사 부스에 찾아 가서 도우미와 사진을 찍고 회사에서 나온 직원들과 상담하는 것을 2년 동안(2학년, 3학년) 4번에 걸쳐서 방문 증거 사진을 만들었다. 두 번째로 2학년 2

학기 겨울 방학 때 ◇◇동아리에서 전국일주 하이킹을 갈 때 목표기업 회사 깃발을 만들어서 하루는 C회사 깃발을 자전거에 달고 다니는 것을 찍고, 하루는 P회사의 깃발을 자전거에 달고 다니는 것을 사진으로 남겼다. 세 번째로 3학년 2학기 체육대회 때 다른 사람은 응원 깃발을 가지고 흔들 때 임군은 목표기업 회사 깃발을 들고 응원하는 것을 사진 찍었다.

2008년 7월 이렇게 모은 자료를 종합해 2개 회사에 지원해 동시에 합격했다. 그리고 그 해 9월 C회사로 당당하게 출근하게 됐다. 위의 3가지 증거 사진은 임 군의 입사하고 싶은 열정이 다른 지원자들보다 다르게 보일 수 있게 했다. 남다른 취업준비로 평가 받을 수가 있어 합격한 것이다.

또한 하고 싶은 일을 정하고, 가고 싶은 기업에 대한 목표가 빨랐기 때문에 다른 지원자들은 증거도 없이 말로만 입사하겠다고 했을 때 임 군은 저학년인 2학년 때부터 이 회사에 입사하겠다고 정하고 이에 관련한 결정적 증거자료가 있었기에 높은 점수를 받을 수 있었다.

임 군이 목표를 먼저 정하지 않고 다른 사람과 똑같이 고학년에 부랴부랴 취업준비를 했다면 남들과 같은 입사지원서 2장만을 제출했을 것이다. 그리고 그랬다면 분명히 합격하지 못했을 것이다.

3

취업
뽀개기 전략

앞에서 인생의 비전과 주요 목표를 설정했다. 이 프로세스를 충실히 따라 했다면 여러분은 이제 성공의 길목에 들어선 것이다. 이제는 목표한 대로 한 가지씩 충실하게 실행해 나가면 된다. 지금까지 작성한 주요 목표에 대해 좀 더 세부적인 실행 계획을 통해 역량을 쌓아 나가야 한다.

모든 청년들에게 취업은 지상명제다. 그만큼 어렵기 때문이다. 하지만 주의할 것은 취업은 나의 비전으로 가는 중간 과정상의 목표일 뿐 궁극적인 목적지는 아니라는 사실이다. '취업을 하면 끝난다'고 생각하는 것은 굉장히 위험한 발상이다. 다시 말하지만 취업은 중간 목표다. 그럼에도 궁극적인 비전 달성을 위해 취업이라는 중간 과정은 필수적이기 때문에 취업전략에 대한 부분을 별도의 챕터로 구분해 설명하고자 한다.

앞에서 우리는 내가 원하고 좋아하는 일을 다양한 방법에 의해 찾을 수 있었다. 이제는 내가 선택한 일에 대해 좀 더 자세히 알아볼 필요가 있다. 상세히 알아야 이에 대한 전략을 세울 수 있기 때문이다.

직무분석으로 취업 뽀개기

● 직무분석의 필요성

직업(職業)이란 사회에서 생활하는 사람들이 생계를 유지하기 위해 자신의 적성과 능력을 고려해 어떤 일에 일정기간 동안 계속해 종사하는 일을 말한다. 반면 직무(職務)란 직업상 책임을 지고 담당해 맡은 업무, 즉 '맡은 일'이라고 할 수 있다. 개인이 선택한 직업도 업종에 따라 직무가 달라지기 때문에 사전에 직무분석을 통해서 올바른 취업준비를 하는 것이 필요하다.

> 같은 직종이라 하더라도 업종에 따라 업무가 달라진다. 따라서 하고 싶은 일(직업)을 찾았다면 가고자 하는 회사가 어느 업종인지를 파악해 업무가 어떻게 달라지는지 사전에 이해하고 준비해야 한다.
>
> ●제조영업: 거래처 판로 개척, 대리점 판매관리, 대금회수, 유통관리, 경쟁사 조사
> ●제약영업: 의사·약사가 주고객, 신약소개 및 제품 설명, 각종 세미나 주관 및 관리
> ●기술영업: 기술상담 및 솔루션 구축, 제안영업 및 보수관리, 최신기술

● 직무분석의 중요성

취업을 하는 데 있어 지원하는 직무에 대해 아는 것은 가장 기본이면서도 제일 중요하다. 자신이 도전하는 일이 무엇인지도 모르고 취업을 준비하면 시간낭비만 하게 될 수도 있기 때문이다. 따라서 스스로 직무분석을 하는 이유는 다음과 같다.

첫째, 그 직무(일)의 특성을 알아야 나와 맞는 일인지 알 수 있기 때문이다. 아무리 좋아하는 일을 선택하는 것이 좋은 길이라 하더라도 사전에 직무의 특성을 알고 이왕이면 나와 맞는 일을 선택하는 것이 현명하다.

둘째, 지원하는 직무의 내용과 요건을 알아야 그 일을 잘하기 위한 효과적인 준비가 가능하다. 그 직무를 수행하는 데 있어, '하는 일', '되는 방법' 등을 상세히 알수록 체계적인 준비가 가능하다.

셋째, 직무 자체에 대한 지식 뿐 아니라 직무환경을 알게 되면 향후 그 직무에 도전하는 데 있어 전략적인 준비가 가능하다. 취업을 넘어 내가 장기적으로 무엇을 해야 할지, 경력관리는 어떻게 해야 할지, 추가적으로 학위를 받을지, 회사를 옮겨야 하는지 등에 대한 판단이 가능하기 때문이다.

넷째, 직무에 대한 지식을 갖추고 있으면 면접관 등 관련자에게도 신뢰성을 줄 수 있다.

그런데 직무에 대한 부분은 직무를 잘 알고 있는 사람에게서 강의를 듣는 것도 한 방법이지만 제일 효과적인 방법은 본인이 그 직무에 대해 직접 조사하는 것이다. 그래야 자신의 것으로 만들 수 있을 뿐 아니라 현장에서 살아 있는 목소리를 통해 다양한 속성을 알게 되기 때문이다.

● 직무 현미경 분석 노하우

그럼 이제부터 내가 선택한 소중한 직무에 대해 조사하고 작성해 보도록 한다. 직무 파악을 위해 정보를 파악할 수 있는 방법을 살펴보자.

첫째, 인터넷 활용 방법이다. 직무에 관련한 기본 정보는 고용노동부 사이트인 www.know.work.go.kr 또는 www.210.95.199.68(동영상)을 통해 얻을 수 있다. 일반적인 정보이므로 업종별로 더욱 정확한 정보를 얻고 싶다면 인터넷 검색을 통해 상세한 정보를 얻도록 하자. 주요 인터넷 포털사이트 검색창에 직무명을 기입하고 직무에 대한 정보를 찾는 것이다. 네이버 '지식iN'란을 검색하는 것도 것이다. 다음과 같이 직무에 대해 문의하거나 검색하면 기대 이상의 정보를 얻을 수 있다.

둘째, 해피캠퍼스(www.happycampus.com)나 리포트월드(http: //www.re-portworld.co.kr) 등에서 해당 직무에 대한 정보를 찾을 수 있다. 기타 해피레포트, 리포트바다, 리포트천국 등에서 가능하다.

셋째, 각 기업체 홈페이지에 직무에 대한 정보가 정리되어 있는 경우가 있다. 따라서 기업체 홈페이지를 탐색하는 것도 방법이다.

넷째, 직접 해당 직무를 수행하는 사람과 인터뷰하는 것이다. 이것이 가장 정확하고 많은 정보를 얻을 수 있는 효과적인 방법이라 할 수 있다. 하지만 이는 쉽게 접근할 수 없다는 단점이 있다. 따라서 미리 직무에 대한 목표를 정하고 꾸준

히 노력해야 한다. 직무가 정해지면 지인을 통해 해당 직무를 수행하는 사람을 찾아보고, 취업지원팀의 도움을 얻는 것도 좋겠다.

외에도 다양한 인맥을 활용해 직무와 기업에 관한 정보를 찾을 수 있다. 친한 동료 등과 정보를 공유한다면 혼자서 하는 것보다 다양한 네트워크를 찾을수 있어 목적을 쉽게 달성할 수 있다.

네트워크를 찾았으면 이제 정중하게 그 사람에게 관련 정보를 파악하도록 한다. 관련 네트워크를 찾았다고 끝이 아니다. 기업의 근무환경을 모르다 보니 자칫 실수할 수 있다. 기업에 근무하는 사람들은 일단 바쁘다. 게다가 회사 일정에 자신을 맞춰야 하다 보니 시간에 제약이 따르기 마련이다. 이런 부분을 잘 고려해 접근하는 방법이 좋다. 우선 메일이나 문자를 통해 사전에 약속을 조율한 다음 진행하는 것이 좋다.

다섯째, 교육을 통한 방법이다. 각 직무별로 수많은 전문기관에서 교육을 실시하고 있다. 연구개발이면 연구개발, 생산관리면 생산관리 등 마음만 먹으면 직무와 관련된 교육기관을 찾을 수 있을 것이다. 게다가 전문교육기관에서 교육을 받다 보면 생각 이상의 효과를 거둘 수도 있다. 교육을 받아서 좋은 점은 직무에 대한 정보 뿐 아니라 스펙도 쌓을 수 있다는 점이다. 덤으로 채용정보도 얻을 수 있으므로 1석 3조라고 할 수 있다. 교육기관을 찾는 것은 전혀 어렵지 않다. 인터넷에서 검색하면 되기 때문이다. 그리고 홈페이지에 나와 있는 안내에 따라 교육을 신청하면 된다.

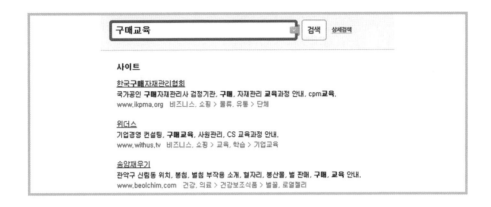

여섯째, 기업에 전화해 직접 해당직무 수행자를 소개받는 방법이다. 역시 쉬운 방법은 아니지만 잘만 연결된다면 큰 효과를 거둘 수 있다. 이외에도 시중에는 직무를 소개하는 다양한 서적들이 출판되어 있으므로 직무를 정리해 놓은 책을 구매해 읽는 것도 좋은 방법이다. 학교 또는 정부 도서관에 비치되어 있는 회

사 규정 사례집에서 "회사 업무분장 규정 사례"를 보면 업종별로 구분되어 있는 업무 내용을 확인 할 수 있다.

여러 가지 방법을 통해 직무정보를 수집했다면 아래 양식에 좀 더 체계적으로 정리하자.

〈직무탐색〉 내 일은 어떻게 이루어질까?

1. 조직에서 이 직무의 존재 이유는?

2. 하는 일은?

3. 일하기 좋은 성격은?

4. 되는 길은?

5. 유리한 전공이나 유리한 자격증?

6. 일을 하는 데 있어 좋은 점과 어려운 점은?

7. 필요한 역량은?

• 태도란 본인을 나타내는 속성으로 예를 들면 '분석력', '도전', '승부근성', '적극성', '성실성' 같은 것

• 지식은 말 그대로 해당 직무를 잘 수행하기 위해 알아야 할 직무에 관련된 지식

• 우대사항은 해당 직무를 지원하는 데 있어 갖추고 있으면 가점을 준다던지 취업에 유리한 점이 있는 것(자격증, 외국어 능력 등)

• 스킬이란 행동요소적 특성으로 특정 직무를 수행하기 위해 갖춰야 할 기술적 측면으로 '엑셀 활용능력', '프로그래밍능력', '설문지 구성능력' 등을 일컫는다.

8. 궁금한 선배 인터뷰

Q
_____

Q
_____

Q
_____

Q
_____

Q
_____

Q
_____

SWOT 분석으로 취업 뽀개기

앞에서 자신의 직무에 대해 그 직무가 가지고 있는 특성은 물론 그 직무를 잘 수행하기 위해 무엇을 준비해야 하는지 조사하고 어느 정도 파악했다. 또 어떤 부분이 중요한지도 알게 되었다. 하지만 그렇다고 하더라고 모든 사람에게 동일하게 적용되는 전략이란 없다. 사람마다 현재 가지고 있는 역량이 다르기 때문이다.

그러므로 현재의 내가 가지고 있는 역량을 잘 파악하고 향후 어떤 부분을 추가적으로 준비해야 하는가에 대한 전략을 수립하는 것이 중요하다. 역량에 대한 분석은 흔하게 사용되는 SWOT 분석을 통해 파악하고자 한다.

하지만 대학생들의 경우 SWOT 분석 전에 준비 단계가 포함되어야 할 것이다. 준비단계 없이 바로 본론에 들어가다 보니 효과적인 전략 수립이 제대로 되지 못하는 경우가 많다. 일반기업체에서 널리 사용하는 분석도구를 대학생들에게 그대로 사용하다보니 제대로 활용하지 못하는 경우가 많은 것이다.

직무와 관련된 활동들을 정리했으면 이 외 직무와 직접적인 관련성은 없지만 간접적으로 도움이 되는 활동들과, 직무와 무관하지만 내가 열심히 살아왔던 증거들을 제시해 보자. 이런 부분도 자신만의 주요한 강점이 될 수 있기 때문이다. 역시 앞에서 나의 강점 찾기 등을 위해 분석해 놓은 활동들을 참조하면 쉽게 정리할 수 있을 것이다. 앞에서 파악한 내용을 다시 한 번 정리하는 것도 여러분들의 자신감과 강점을 강화하는 데 있어 중요한 역할을 한다는 사실을 명심하자.

SWOT 분석이 중요한 이유는 향후 취업전략을 세우는 데 있어 현재 나의 상황과 능력을 제대로 아는 것이 출발이 되기 때문이다. '너 자신을 알라'는 소크라

테스의 말처럼 나 자신을 알아야 적을 제압할 수 있다.

Strength는 '취업을 하는 데 있어 지원하는 직무와 관련해 내가 가지고 있는 유리한 부분'이다. 직무경험이 풍부하다던가, 전공 관련 프로젝트 경험이 많아 실무능력이 우수하던지 하는 부분이 나의 강점으로 작용할 것이다. 외국어 점수가 높으면 이 부분 또한 강점으로 작용할 수 있다.

Weakness는 약점으로 '취업을 하는 데 있어 불리하게 작용할 수 있는 부분'이다. 취업 관련 경험이 없다던가, 성적이 좋지 않다던가, 관련 자격증이 없다 던지 하는 부분이 바로 약점으로 작용할 수 있을 것이다.

Opportunity는 취업하는 과정에서 기회요인으로 작용할 수 있는 부분으로 주로 외부환경과 관련된 부분이다. 지금 2학년이어서 '준비할 수 있는 시간이 있

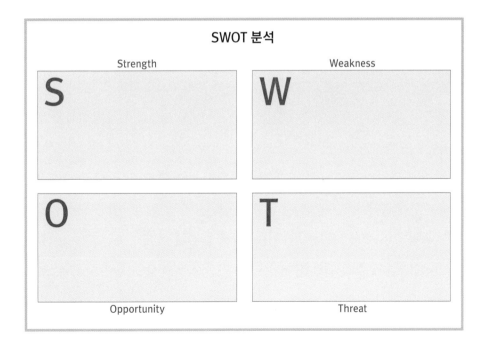

다'라던가 '우리 지역에 대기업이 많아 취업 기회가 다른 지역학생들보다 풍부하다'는 기회요인으로 작용할 수 있다.

Threat 역시 외부환경에서 오는 부분으로 '취업경쟁이 작년보다 치열함', '내년에는 이공계 채용이 감소', '나이 제한 기업 증가' 등은 위협요인으로 분류할 수 있겠다. 이제 1단계에서 작성한 내용을 참조해 양식에 강점, 약점, 기회, 위협요인을 정리해 보자.

커리어 로드맵으로 취업 뽀개기

● 커리어 로드맵이란?

커리어 로드맵이란 비전, 목표, 달성전략, 강·약점 경력개발전략 등을 한눈에 볼 수 있게 표시함으로써 자신이 목표하는 바를 효과적으로 달성할 수 있게 도와주는 도구다. 성공한 사람들은 대부분 그들만의 성공 스토리가 있다. 한 분야에서 성공한 사람들은 비전과 목표가 분명하고 비전을 달성하기 위한 미래에 대한 커리어 로드맵을 가지고 있다.

우리 인생은 산을 오르는 것과 같다고 한다. 아무리 산을 잘 타는 사람일지라도 단번에 정상까지 오를 수는 없다. 한 발 한 발 발걸음에 신경 쓰면서 올라가야 한다. 주위에서 보면 한방에 인생에서 승부를 보고자 하는 경우가 있다. 그러나 인생은 그렇게 간단한 것이 아니다. 설혹 운이 좋아 한방에 많은 성공을 이루었다 하더라도 '사상누각'이라는 말처럼 금방 무너져 내리는 경우가 허다하다.

따라서 명확한 목표를 설정하고, 그 목표를 눈에 보이도록 관리하며, 한걸음 씩 끊임없는 노력을 통해 나갈 때 성공은 어느덧 내 눈 앞에 와 있게 된다. 앞서가는 사람들은 그만큼 자신의 커리어 로드맵(Career Road Map)을 만들어 가며 자신의 가치를 상승시키고 성공의 길을 만들어 가고 있는 셈이다.

성공한 사람들은 성공을 이루기 위해 한 번에 성취하고 하지 않고 한 단계 한 단계 끊임없이 노력한다. 자신에 맞는 성공전략인 커리어맵을 세우는 데 많은 시간을 투자해야 한다. 커리어맵은 우리가 출발점에서 길을 헤매지 않고 정상까지 오를 수 있도록 표지판 역할을 할 것이다.

● 커리어 로드맵의 효과

커리어맵은 전술한 것처럼 우리가 출발점에서 길을 헤매지 않고 정상까지 오를 수 있는 표지판이다. 이와 같이 커리어맵을 그리고 이것을 보고 행동하게 되면 여러 가지 효과를 거둘 수 있다. 그 효과를 구체적으로 정리하면 다음과 같다.

첫째, 커리어맵을 그림으로써 나의 전략과 목표를 좀 더 명확히 할 수 있다. 나의 정확한 특성과 추진해야 할 당면 과제를 몰랐던 사람이라도 커리어맵을 정리하면서 내가 해야 할 것들을 명확하게 알 수 있다. 자신이 무엇을 해야 할지 명확히 정리할 수 있다는 것은 매우 중요하다.

둘째, 내가 수행해야 할 것들을 시각화함으로써 한눈에 파악하고 효과적인 전략을 짤 수 있다. 나의 목표와 해야 할 중요한 일들이 한눈에 보이기 때문에 조율과 조정, 그리고 시간 관리를 쉽게 할 수 있는 것이다. 그리고 우선순위도 자연스럽게 정할 수 있다. 이는 대단히 중요한 부분으로 전략을 효율적으로 수립해 달성 가능성을 높이는 것이다.

셋째, 'R = VD', 이는 생생하게(VIVID) 꿈꾸면(DREAM) 이루어진다(REALIZATION)는 효과다. 무에서 시작해 엄청난 부를 축적한 20세기 가장 성공한 여성 중 한 명인 에스테 로더는 말한다. "성공을 시각화하면 반드시 현실이 된다", "낭신의 꿈을 시각화하라. 만일 당신이 마음의 눈으로 이미 성공한 회사, 이미 성사된 거래, 이미 달성된 이윤 등을 볼 수 있다면, 실제로 그런 일이 일어날 것이다", "이미 성공한 모습을 마음속으로 생생하게 그리는 습관은 목표를 달성하는 가장 강력한 수단이다."

나는 백화점에 입점하기 전부터 에스테 로더의 제품이 대형백화점에서 어마어마한 판매고를 달성하는 모습을 생생하게 꿈꾸곤 했다. 한두 번이 아니었다. 백화점에 입점할 때마다 수천 번씩 그렇게 했다. 그러면 내 마음속의 그림은 진짜로 현실이 되곤 했다. 성공을 시각화하면 반드시 현실이 된다.

– 《꿈꾸는 다락방》 중

이렇듯 커리어맵은 자신의 목표와 전략을 매우 효과적으로 시각화 할 수 있는 방법이므로 생생하게 꿈꾸고 상상하기에 더 없이 좋은 방법이다. 커리어맵을 컴퓨터 바탕화면에 깔아 놓는다던지, 책상위에 붙여 놓고 본다면 큰 효과를 거둘 수 있다.

● 커리어 로드맵은 어떻게 작성할까?

커리어맵은 다양한 내용을 작성하는 것보다 당면과제인 취업전략에 대한 커리어맵을 달성하도록 하자.

1단계: 자신이 지원하는 직무명을 커리어 로드맵의 중심에 놓는다.

이 부분은 취업전략에 대한 커리어맵이기 때문에 자신이 하고자 하는 일, 즉, 직무가 출발점이 된다. 커리어맵을 너무 광범위하게 가져가면 집중성이 저하된다. 따라서 취업전략에 대한 부분만을 커리어맵으로 작성하도록 한다.

2단계: 비전이 출발점이다. 미리 수립해 놓은 비전(직무 관련) 커리어맵을 작성할 양식에 옮겨 적는다. 위치는 크게 관계 없으나 양식의 우측상단이나 좌측상단이 좋다. 그리고 눈에 띄게 약간 크게 작성한다.

3단계: 앞에서 본인의 장단점을 분석해 놓은 SWOT 공식을 커리어 로드맵에 포함시킨다.

전략은 강점을 살리고 약점을 보완하는 것으로 이루어지기 때문에 자신에 대한 강약점을 분석한 SWOT 분석 내용 중 주요한 내용을 간략히 표시한다. 위치는 관계없다. 다만 취업전략을 그려야 하기 때문에 가능한 가장자리에 위치하는 것이 좋다.

4단계: 이제 취업전략을 그려본다. 취업전략은 크게 항목을 분류한다.

예를 들면 지식 쌓기, 경험 쌓기, 인성 쌓기, 외국어 및 봉사활동 등의 분야

커리어 로드맵 그리기(테마 중심형)

• 포함되어야 할 것: 직무명, 비전, SWOT 분석 내용

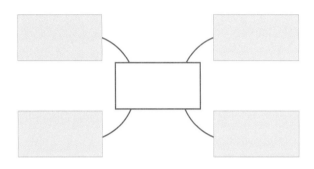

〈예시〉

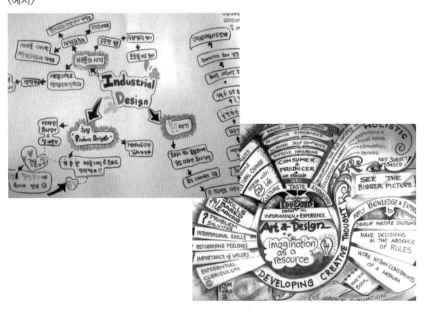

로 구분해 취업전략을 수립해 나간다. 제시된 프로세스를 가지고 다음 안내에 따라 커리어맵을 작성하도록 한다. 우선 자유 양식에 따라서 작성해 보도록 하자.

또 다른 작성 방법은 커리어 로드맵을 시기별로 나누어 작성하는 방법이다. 예를 들면 2학년, 3학년, 4학년 등 시기별로 나누어 내가 이루어야 할 것들을 그리는 것이다.

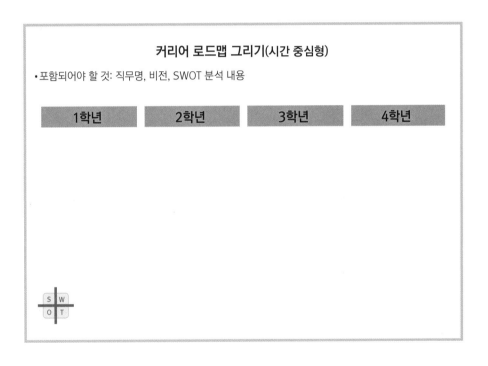

공모전으로 취업 뽀개기

● 공모전을 잡아라

공모전이란 '공개 모집한 작품 또는 프로젝트의 전시회'라는 뜻이다. 기업들이 대학생들의 창의적이고 참신한 아이디어를 구하고 우수한 인재를 확보하려는 의도에서 추진되는 행사다. 기업 입장에서는 시간과 비용이 많이 소요되기는 하지만 회사 이미지를 높일 수 있고, 우수인재를 먼저 확보할 수 있다는 점에서 매우 좋은 제도다. 그리고 공모전을 실시하고 있는 기업들도 점점 늘고 있는 추세다. 학생 입장에서도 공모전의 장점은 많다.

첫째, 공모전을 통해 입상할 경우 기업이 인정하는 스펙과 경력이 된다. 기업에서는 공모전 입상을 높게 평가해주는 경향이 있다. 따라서 공모전에 입상한다면 자신의 역량을 나타내는 좋은 도구가 될 수 있다.

둘째, 공모전을 통해 중요한 역량을 쌓을 수 있다. 공모전을 준비하는 과정을 보면 기업에서 하는 프로젝트 활동과 흡사한 측면이 많다.

셋째, 사실 공모전에 참여하게 되면 입상을 못하게 되더라도 준비하는 과정을 통해 취업에도 큰 도움이 된다. 공모전에서 수상하지 못한 이유를 분석하고 반성함으로써 앞으로 같은 실수는 반복하지 않을 수 있기 때문이다. 이러한 과정에서 얻은 지식들을 지원업무에 도움이 되도록 하겠다고 표현할 수 있다.

● 공모전 도전 시 주의사항

주제를 잘 해석하고 공모전 요강을 꼼꼼히 읽는다

프레젠테이션도 마찬가지지만 우선 주제를 잘 해석해야 한다. 주어진 주제는 간단하지만 그 주제를 어떻게 해석하느냐에 따라 방향은 완전히 달라질 수 있기 때문이다. 따라서 주제가 내포하는 바가 무엇인지, 무엇을 얻고자 하는지, 핵심이 무엇인지 잘 파악한 다음에 공모전 요강을 꼼꼼히 읽어야 한다. 읽는 것으로 그치지 않고 재해석해 별도로 정리해본다. 즉, '공모전 개요'라고 적고 모집 요강에 나와 있는 핵심내용을 메모하자.

시행부서와 참가대상을 살피자

시행부서가 중요한 이유는 시행부서가 어디냐에 따라 원하는 핵심내용과 평가기준 등이 달라질 수 있기 때문이다. 예를 들어 시행부서가 기획 관련 부서라면 기획력과 논리성을 더 중요하게 볼 것이고, 마케팅 부서라면 참신함과 창의적인 부분을 중시할 가능성이 높다.

또 하나는 참가대상을 어떻게 두는지에 대한 부분이다. 참가대상이 폭넓다는 의미는 다양한 측면에서 보고 개성을 존중한다는 것이므로 정형화된 방법보다 차별성에 포인트를 두는 것이 좋다. 반면 참가 범위를 제한적으로 한다는 의미는 전문성에 무게를 두는 경우가 많기 때문에 전문성이 부각되도록 준비해야 한다.

기업문화와 특성에 맞춰야 한다

공모전을 개최하는 회사의 성격과 기업문화도 중요하다. 홈페이지를 통해 해당 기업의 업종과, 기업문화를 잘 파악해야 한다. 그 안에 힌트가 숨어 있다. 예를 들어 신생 IT기업이라면 딱딱한 프레젠테이션보다 격식을 깨는 개성 있는 준비와 발표가 중요할 것이다.

반면 조선업이라면 선이 굵고 도전적이며 적극적인 열정 표현이 중요하다. 전에 우리나라 대표적인 대기업인 현대 계열에서 프레젠테이션을 하게 된 친구는 큰 목소리와 적극적인 태도로 재미를 봤다. 나중에 다시 삼성전자에서 같은 방식으로 프레젠테이션했다 불합격한 적이 있다. 이처럼 개최하는 회사의 특성을 파악하는 부분도 중요하다.

평가 포인트를 제대로 파악한다

사전에 평가 포인트를 공개하는 공모전도 있고 그렇지 않은 경우도 있다. 만약 평가기준을 공개한다면 그 기준을 잘 분석해야 한다. 예를 들어 '현실성'이라고 표현했다면 현실성의 정의는 무엇이고 왜 이 항목을 포함시켰는지 고민해야 한다. 만약 평가기준을 제시하지 않은 경우는 과거 사례를 찾아 준비하도록 한다.

심사위원들이 반드시 평가기준을 지키는 것은 아니지만 평가하는 데 있어 기준이 되는 항목이므로 당연히 이 항목을 고려해 준비해야 한다. 만약 설명회가 있다면 설명회에 꼭 참석해 정보를 충분히 파악하자.

입상 시 혜택에 대해 꼼꼼히 살핀다

사실 공모전에 참여하게 되면 입상을 못하게 되더라도 준비 과정에서 얻는 게 많다. 하지만 가능하면 혜택이 많은 공모전에 참여하는 것이 좋기 때문에 주어지는 혜택을 꼼꼼히 살펴보자. 삼성전자는 공학 관련 분야나 순수·응용과학 부문을 주제로 '휴먼테크 논문공모전'을 연다. 참가자격은 국내외 대학·대학원생이어야 하고, 수상자에게는 입사 시 특전을 줄 계획이다.

아르바이트로 취업 뽀개기

우리는 흔히 아르바이트를 할 때 등록금, 학원비, 해외연수 비용 등의 마련을 위해 아르바이트하는 경우가 많다. 아르바이트란 독일어 Arbeit(노동)에서 유래된 말이다. 등록금 부담이 적었던 과거와 달리 지금은 급격한 등록금 인상으로 학비

조달에 어려움이 많다. 따라서 많은 학생들이 아르바이트를 해서 학비를 벌다 보니 그만큼 아르바이트 종류도 다양하다.

신문배달, 우유배달, PC방 잡무, 주유소, 학원강사, 편의점 아르바이트에서부터 학교에서 연결시켜주는 근로장학생, 혹은 기업 업무보조로 활동하는 일까지 다양하다. 이렇게 많은 직무가 존재하지만 정작 학생들이 할 수 있는 분야는 많지 않은 것이 사실이다. 특히 지원하는 직무와 관련해 경험할 수 있는 분야는 더욱 그렇다.

아르바이트는 사회생활의 축소판이므로 반드시 학비에 보탬이 되는 것이 아니더라도 간접적인 사회경험을 통해 많은 것을 얻을 수 있다. 따라서 몇 가지 유의사항을 염두에 두고 임하는 자세가 필요하다.

첫째, 적극적으로 임한다

아르바이트라고 해서 적당히 시간만 때우고 월급만 받는다고 생각하면 안 된다. 아무리 하찮은 일일지라도 최선을 다해 임하도록 한다. 하찮은 일임에도 불구하고 어떻게 하면 잘할지 고민하고 궁리하고 개선 아이디어를 낸다면 의외의 기회가 찾아 올 수 있다.

어떤 학생이 국내 한 대기업 물류창고에서 물건을 싣고 내리는 단순 노무직 아르바이트를 했다. 하루는 엄청난 비가 왔다. 걱정이 된 학생은 한밤중에 자리를 박차고 나와 창고로 달려갔다. 창고에는 물이 스며들고 있었고, 경비아저씨 혼자 이제 막 직원들에게 연락하려던 참이었다. 학생은 경비아저씨와 열심히 물건을 치워 물건이 비에 젖지 않게 했다. 시간이 지나 직원들이 속속 도착했고 다행히 창고에 있는 물건들도 비에 젖지 않게 되었다.

관리자는 나중에 아르바이트생이 연락도 하지 않았는데 먼저 달려와 창고 정리에 도움 준 사실을 상부에 보고했다. 그리고 그 학생은 당당히 남들이 모두 부러워하는 대기업의 정식 직원으로 채용했다.

물론 이 경우는 아주 드물게 일어나는 하나의 사례일 뿐이다. 하지만 이런 사례가 아니더라도 정말 적극적으로 하면 기회가 찾아올 뿐 아니라 많은 역량을 쌓을 수 있다는 교훈을 준다.

둘째, 일기를 쓰라

인턴을 할 때도 마찬가지지만 일기를 써야 한다. 일기를 통해 꼼꼼하게 매일의 일을 기록하면 자연스레 일의 원리와 직장생활의 노하우를 익힐수 있다. 그리고 자신이 맡은 일을 더욱 발전시킬 수 있을 것이다. 따라서 반드시 일기를 쓰라고 권하고 싶다. 물론 일기는 평소에도 써야 하는 것이지만, 특히 아르바이트나 인턴 활동을 할 때는 업무와 관련된 일기를 통해 도움을 얻을 수 있게 해야 한다.

셋째, 사진을 찍어라

자신이 일하는 과정을 사진을 통해 기록해야 한다. 아르바이트를 하면서 본인이 그 일을 발전시키기 위해서는 먼저 자신이 하고 있는 일을 잘 분석해야 한다. 또 그러기 위해서는 자신이 일하는 현장을 사진을 통해 기록하고 자료로 남겨둔다. 이렇게 사진을 찍어 두면 어느 부분을 개선해야 할지 알 수 있다. 또 나중에 차별화 이력서를 작성하거나 포트폴리오를 작성하는 데도 큰 도움이 될 것이다.

특히, 본인이 지원하는 직무와 관련해 아르바이트를 하는 경우는 필히 사진을 찍어 기록을 남기는 것이 좋다.

인턴십으로 취업 뽀개기

인턴은 기업에서 높게 평가해 주는 직무 관련 활동 중 하나다. 게다가 최근 대기업들의 인턴 정규직 전환율이 높아지다 보니 인턴도 정규직 못지않은 경쟁률을 보인다. 무엇보다 인턴 활동을 잘 수행하면 면접에서 할 얘기도 많아진다.

또한 입사지원서에도 역량을 부가시킬 수 있는 내용으로 채울 수 있다. 무엇보다 실무경험을 쌓게 되므로 향후 직장생활을 하는 데도 도움이 된다. 이런 이유로 기업에서는 인턴 활동을 한 지원자를 선호하는 편이다. 더구나 최근에서는 인턴으로 끝내지 않고 인턴 활동과 취업을 연계해서 인턴 공고를 내는 기업들이 많아지고 있는 추세로 구직자들에게 좋은 기회가 될 수 있다. 본격적으로 바람직한 인턴 활동 팁을 알아보자.

● 끈기

인턴 활동에서는 끝까지 업무를 잘 수행하는 것이 가장 중요하다. 원하는 길이 아닌 것 같다는 이유로 중도에 포기하면 성과가 없다. 더구나 인턴을 시작하기 전 기대를 갖지만 실제 인턴에 들어가게 되면 생각이나 기대와는 다른 업무나 환경일 경우가 많다. 기업에 있는 사람들은 자신의 일만으로도 바쁘다. 따라서 인턴의 일에 일일이 신경을 써 줄 수 없다. 하지만 이럴 때일수록 지혜를 발휘해 활동을 끝까지 잘 마무리해야 한다.

● 인맥 쌓기

인턴으로 지내는 동안 다양한 분야에서 활동하는 동료와 선배들을 만날 수 있다. 특히 기업에서 일하는 사람들은 해당 분야 전문가들이다. 이들과의 관계를 원만히 하고 지속적으로 연락을 취할 수 있을 만큼 친밀해지도록 노력해야 한다. 인턴기간 동안 직원들과 좋은 관계를 맺게 되면 추후 정규직 채용 시 추천을 받을 수도 있다. 무엇보다 적극적으로 직원들과 좋은 관계를 유지하는 것은 사회생활의 기본이다.

● 열린 자세

무슨 일이건 배우겠다는 자세가 중요하다. 사회는 냉정하다. 누가 나를 가르쳐주겠지, 하고 막연히 기다린다고 해서 기회가 오지 않는다. 내가 먼저 다가가서 보고, 듣고, 느껴야 한다. 인턴기간 동안 주어진 일만 하는 수동적인 자세보다는 적극적으로 질문하고 아이디어도 제안해 보는 등 열린 자세가 중요하다.

● 인사 잘하기

인사는 가장 기본적인 예절이다. 특히 우리나라에서 인사는 더욱 중요하다. 인턴 활동을 하는 회사에 있는 모든 사람은 자신의 선배라는 마음가짐을 가져야 한다. 다시 상기하자. 사회생활을 인정받는 첫걸음은 인사다. 인사 하나로 당신이 달라 보일 수 있다.

● 나무와 숲을 함께 보기

직장생활 경험이 없는 대학생들은 인턴 활동을 하면 미시적인 것, 눈앞의 작은 일만 처리하기에 급급한 경우가 많다. 주어진 일을 잘 처리하는 것도 중요하지만 본인이 하고 있는 일이 조직의 성과나 거시적으로 어떻게 연관되어 있는지 늘 분석하고 살피도록 하자.

기업 탐색으로 취업 뽀개기

우리는 앞에서 원하는 일을 찾고 자신이 원하는 직무와 관련된 비전을 설정했으며, 매 학년마다 명확한 목표를 수립하고 이를 준비해 왔다. 또한 취업의 본질에 대해 알아 보고 이해하는 시간을 가졌다. 그렇다면 이제 기업에 대해 본격적으로 알아 보는 시간을 가져야 한다.

이런 시간은 빠르면 빠를수록 좋겠지만 대략 3학년 2학기에서 4학년 초반이 최적이라고 본다. 기업 탐색은 올바른 기업 선택을 위해 매우 중요한 사항이다. 이제부터 가고자 하는 기업을 상세하게 선정하고 분석하는 방법에 대해 살피자.

● 기업 탐색의 필요성

원하는 직무를 1, 2학년에 설정하고 그의 맞는 역량을 개발해 왔다면 다음 단계는 기업의 특성을 알고 이에 대처하는 것이다. 자신이 입사하고자 하는 기업에 대해 알아야 하는 이유를 몇 가지로 요약하면 다음과 같다.

기업 적응력 향상

기업에 대한 특성 즉 업종, 주요제품 및 사업 내용, 기업문화, 비전, 연봉 시스템, 기타 특성 등을 알아야 적응할 확률이 높아진다. 앞서 언급했듯 많은 취업자들이 매우 치열한 경쟁을 뚫고 입사하고서도 정작 본인의 적성과 맞지 않는다는 이유로, 또는 본인이 원하는 직무가 아니라는 이유로 퇴사를 결심하곤 한다.

지원회사의 업종에 따라서 직무가 달라지기 때문에 사전에 지원하는 사회가 어떤 업종에 해당하며, 희망업무가 업종에 따라 어떻게 달라지는지를 파악해야 한다. 똑같은 마케팅 파트를 희망한다 하더라도 게임회사와 제조회사에서 하는 마케팅은 다르기 때문이다.

김불안이란 친구와 한 부서에서 근무한 적이 있었다. 이 친구는 면접을 볼 때도 자신이 지원한 직무에 대해 시종일관 자신 있고 당당한 목소리와 다양한 경험으로 면접관을 사로잡더니 결국 우수한 성적으로 취업에 합격했다. 신입사원 연수를 받을 때도 모든 일에 적극적으로 임해 교육팀 관계자들에게 미래가 촉망된다며 칭찬을 받았다.

1개월 이상의 연수가 마무리되고 본인이 지원했던 영업팀에 배치되어 근무를 시작했다. 근무를 시작한 지 2개월이 지났을 무렵, 우리 직원으로부터 그가 해당 팀장에게 퇴사면담을 요청했고 퇴사하려고 한다는 말을 듣게 됐다. 특별히 기억에 남았던 입사자였기에 그 이유를 상세히 알아봤다.

김불안 군을 불러 인사상담실에서 차 한잔 하면서 퇴사하고자 하는 이유를 물었다. 그러자 그는 거의 기어 들어가는 목소리로 대답했다. 사실 자신이 영업에 맞는 줄 알았고 영업이라는 직무가 막연하게 과거보다 중요해지고 있다는 말을 선배들로부터 많이 들어서 지원했다는 것이다.

막연한 관심이나마 가지고 있었는데 막상 접하니 자신이 생각하는 것과는 많이 달랐다고 했다. "어떤 부분이 다른가" 물었더니 자신이 생각하는 영업은 밖에서 직접 고객들과 부딪치면서 무엇인가를 팔고, 성과가 쌓이는 데서 오는 성취감을 기대하고 입사했었다. 그러나 지금 일하고 있는 회사에서의 영업은 직접 고객을 상대하는 영업이 아니라 사업자들을 대상으로 우리의 제품을 홍보하고 사업자가 원하는 사양을 맞춰주는 일이었다. 제조부서와 협력해 납기를 맞추는 조정·조율 작업, 즉 상호 커뮤니케이션 활동이 더 많은 영역을 차지하고 있는 업무였던 것이다.

김불안 군는 자신이 입사하는 회사의 영업부에서 무슨 일을 하는지 명확히 파악하지 않고 온 것이다. 예상컨대 입사 전에 원하는 기업 목표를 명확히 설정하지도 않았던 것이다. 특히 자신이 하고자 하는 일에 대해 깊이 알아보지 않았다. 따라서 기대 또는 예상과 다른 업무 내용에 당황하게 되었고, 결국 버티지 못하고 퇴사를 결심하게 된 것이다.

기업에 대한 열의

목표기업을 설정하고 분석해야 하는 이유는 취업에 성공하기 위해서다. 지원자의 '기업에 대한 열의'는 인사담당자로 해금 진정성을 느끼게 해주기 때문에 좋은 인상을 줄 수 있다. 그런데 어떻게 기업에 대한 열의를 보여줄 것인가? 이러한 기업에 대한 열의는 서류전형 과정과 면접에서 기업에 대한 남다른 관심도를 보여주는 것이다.

● 목표기업 설정 방법

직무에 대한 목표를 수립하고 난 후 지속적인 역량개발 과정을 거쳐 준비가 되었다 하더라도 아무 기업이나 지원할 수는 없다. 그런데도 많은 지원자들은 묻지마 지원을 한다. 왜냐하면 경쟁이 치열한 상황에서 미래에 대한 불안감 때문에 가능한 많은 기업을 지원하는 것이 승산이 높다고 생각하기 때문이다.

하지만 그런 방법으로 지원기업을 늘린다 해서 성공할 확률이 높아지는 것은 아니다. 물론 성공하는 경우도 간혹 있다. 인사담당자도 실수할 수 있기 때문이다. 그러나 이러한 요행을 바라고 지원서를 넣을 수도 없거니와 운이 좋아 합격했다 하더라도 전술이 기업을 잘 모르고 입사하면 낭패를 볼 수 있다. 그렇다면 어떤 방법으로 기업을 설정하고 분석할까.

목표기업을 설정하는 방법은 간단하다. 목표기업이 너무 많아도 안 되고 또 너무 적어도 불합격했을 경우를 대비하지 않을 수 없으므로 적정한 선이 좋다. 적정한 선이란 어느 정도일까? 목표 기업을 선정하는 데 있어 단순히 몇 개를 목표기업으로 선정하는 것보다는 1지망, 2지망, 3지망으로 나누어 목표를 선정하는 것이 좋다.

지망기업 설정 양식

구분	수준	기업 수
1지망	현재까지 준비한 역량 대비 높은 수준의 기업	3~5개
2지망	준비한 역량 대비 약간 높은 수준의 기업이기는 하나 조금만 노력하면 합격 가능성이 있는 기업	3~5개
3지망	합격이 무난할 것으로 예상되는 기업	3~5개

이렇게 하면 자신이 준비하는 기업은 총 9개에서 15개 정도에 이르게 된다. 1지망을 중심으로 기업분석을 하다 보면 업종에 대한 이해도 자연스럽게 따라 올 것이다.

● 목표기업 분석 단계

목표기업을 설정한 다음에는 이제 본격적인 분석 단계로 들어가야 한다. 기업 분석 단계는 매우 중요함에도 불구하고 많은 지원자들이 수박 겉핥기 식으로 파악하는 경우가 대부분이다. 특히 지원기업에 대해 깊이 조사하지 않고 해당기업 홈페이지에 들어가거나 언론에 나온 내용만 가지고 승부하려 한다면 지금이라도 마음을 바꾸는 편이 좋다.

레벨 1: 회사 홈페이지 방문 후 인재상, 비전, 경영 방침, 대표상품 등 파악

목표기업 분석에 있어 일반적으로 가장 먼저 손쉽게 접근할 수 있는 방식은 지원회사의 홈페이지를 방문하는 것이다. 누구나 이 정도는 상식으로 알고 있을 것이다. 문제는 대부분의 지원자들은 홈페이지를 방문해도, 꼼꼼하게 보지 않는다는 점이다. 대충 돌아보고 나오는 경우가 훨씬 많다. 그렇다보니 이를 통해 깊이 있는 정보를 얻지 못한다. 이는 순전히 관심을 가지고 꼼꼼하게 보지 못한 당사자의 잘못이다.

홈페이지만으로도 많은 정보를 얻을 수 있는데도 가볍게 둘러보고 말기 때문에 정작 중요한 정보를 얻지 못하는 경우가 많다. 홈페이지에 접속하면 기본적으로 지원회사에서 생산하는 제품, 창업 히스토리, 회사 대표자의 성명 및 철학, 인재상, 비전, 계열사, 최근 현황 등을 알 수 있다. 그러므로 홈페이지를 수시로 방문하고 필요한 내용은 스크랩을 통해 정리하자. 이처럼 메모하는 습관을 가지면 큰 도움을 얻을 수 있다.

관심기업 기본사항 정리하기

구분		주요 내용
기업명		
기업 개요 (대표이사명/매출/종업원 수/ 주요 연혁 중)		
기업 최근 동향 및 트렌드/주요 전략	2011년	
	2012년	
해당 마켓의 특성		
주력 상품		
주요 경쟁사 및 차이점		
기업문화		
채용 동향		

관심기업 인재상 정리하기

레벨 2: 언론기사 및 사보를 통한 탐색

지원회사의 홈페이지에 있는 기업정보는 지원자라면 누구나 방문해서 알고 있는 내용일 수 있다. 홈페이지에 없는 언론기사나 사보 등을 통해서 회사에 대한 최신 정보와 회사 내부에서 일어나고 있는 정보들을 미리 알 수가 있다. 요즘은 예진과 딜리 소규모 기업이라노 인터넷 홈페이지 등이 발달해 회사에 관한 웬만한 이슈는 언론을 통해 대부분 공개되고 있다.

특히 신기술을 발견한다든지 특허를 냈다든지, 회사가 급성장한 경우 어김없이 기사로 발표되고 있으므로 인터넷 검색을 통해 발표된 내용만 잘 챙겨도 이를 통해 최근 근황과 성장가능성 등도 상세히 알 수 있다.

레벨 3: 창업자 자서전 등 탐독을 통한 기업문화 파악

거의 모든 기업은 자기만의 기업문화가 형성되어 있다. 그리고 이런 기업문화는 최고경영자(CEO)의 영향을 가장 크게 받는다. 우리가 하는 말 중 '코드가 맞아야 한다', '장단이 맞아야 한다'는 등의 말이 있다.

그리고 이런 '코드 맞추기'는 정치인 뿐 아니라 기업에서도 엄연히 존재한다. 정치인의 '코드'는 이념과 사상 등이 해당되지만 기업에 있어 '코드'는 철저히 이익 중심 개념이라 할 수 있다. 즉, '우리회사의 이익 극대화를 위해서는 어떤 특성을 지닌 사람이 필요한가' 하는 문제이다. 이런 부분은 그 회사의 대표가 가진 특성을 표방하고 모으게 되어 있다. 왜냐하면 그 회사는 사장님이 가지고 있는 독특한 특성을 통해 그 회사를 성장·유지시켜 왔기 때문이다.

언젠가 회사의 '핵심가치'를 변화된 환경에 맞게 변경하기 위해 고위 임원들을 인터뷰한 적이 있다. 이와 더불어 그동안 최고경영자(CEO)가 평소에 직원들에게 했던 말들을 연도별로 정리해 보았다. 이때 놀라운 사실을 하나를 발견했는데, 고위 임원층으로 가면 갈수록 누가 시키지도 않았는데 CEO와 유사하거나 동일한 말을 하고 있다는 사실이다. 심지어는 하고 있는 생각 자체도 유사하다는 것을 알았다.

슈나이더의 'ASA 모델'이 있다. 이는 조직이 추구하는 가치와는 별개로 조직은 유사한 사람들을 모으고(Attraction), 그런 사람들을 선발하고(Selection), 그렇지 않은 사람들은 서서히 걸려 나간다(Attrition)는 내용이다. 그렇기 때문에 기업은 자신들이 추구해야 할 바람직한 기업의 핵심가치를 정의한 다음 조직이 필요로 하는 가치를 가지고 있는 지원자를 뽑고자 다양한 면접 기법들을 동원한다.

정리하면 우리는 창업자의 자서전이나 기고문 등을 읽어 보면 그 기업이 어떤 인재를 원하는지를 명확히 알 수 있으며, 이런 부분들이 그 회사의 인재상이나 핵심가치에 반영되어 있다는 뜻이다. 필자가 아는 어떤 기업은 작은 기업에서 대한민국의 기업사에 길이 남을 만큼 빠르게 성장했다. 그 기업의 창업자는 대한민국의 명문 학교를 나온 것도 아니고 그렇다고 집안이 부자도 아니었다. 든든한 배경이 있는 것도 아닌데 좋은 아이템 선택과 시의적절한 타이밍의 결정, 그리고 두둑한 배짱 등을 통해 큰 발전을 이룰 수 있었다.

그래서 맨손으로 그 기업을 일구어 온 CEO에게 있어 가장 중요한 것은 지칠 줄 모르는 '승부근성', 포기하지 않고 끝까지 파고드는 '집요함'이다. 따라서 틈이 날 때마다 그런 정신을 직원들에게 강조한다. 바로 그러한 정신을 통해서 기업을 성장시켜 왔기 때문이다.

지원하고자 하는 기업의 기업문화에 대한 특성이 잘 알고 있다면 취업 과정에서 강점을 보일 수 있다. 뿐만 아니라 여러분들이 해당기업에 입사해 자신의 성격과 견주어 제대로 적응할 수 있을지 그렇지 않을지도 가늠할 수 있을 것이다. 또 단점이 있음에도 불구하고 단점을 미리 알고 입사하는 경우와 모르고 입사해 고민하다 퇴사하는 경우 어느 쪽이 서로를 위해 좋은 것인지는 빤하다. 따라서 지원하고자 하는 기업문화에 대한 정보 수집과 명확한 분석은 취업 뿐 아니라 본인의 적응을 위해서도 매우 중요하다.

레벨 4: 재무제표 분석 및 재무 상태 파악

기업문화와 함께 분석해야 할 것은 바로 지원기업의 재무 상태다. 이는 객관적이고 정량적인 지표를 통해 성장 가능성과 이익 등을 알아보고자 하는 것이다. 이처럼 중요한 부분임에도 지원자들이 가장 약한 부분이 바로 해당기업의 재무제표를 분석하는 것이다.

기업의 실체를 보고자 한다면 언론에 발표된 내용(충분히 포장 가능함) 홈페이지에 나와 있는 내용만으로는 부족하다. 실제 그 기업이 돈을 얼마나 벌고 있고 향후 얼마간 탄탄할 회사인지, 그래서 내가 원하는 직무를 가지고 이 회사에서 지속적으로 나의 꿈을 펼칠 수 있는 회사인지도 살펴봐야 한다. 외형은 그럴싸하고 규모는 크지만 속을 들여다보면 '속 빈 강정' 회사도 얼마든지 가능하다.

최소한 기업의 생존 및 성장과 관련된 재무지표는 관심 있고 세밀하게 살펴야 한다.

구분	주요 내용
기업의 경영 상황을 파악할 수 있는 재무제표	●대차대조표: 진단일 현재 회사의 재무 상태를 알려줌 ●손익계산서: 당기의 회사 경영 성적(이익, 손해)을 알려주는 표 ●이익잉여금처분계산서: 이익잉여금의 사용 내역을 알려주는 표 ●현금 흐름표: 회사 운영에 필요한 자금(돈)이 어디서 나왔고, 어디에 쓰였는지 알려주는 표
매출 및 최근 성장세	●최근 매출과 속한 업종의 전망, 최근 몇 년간 성장세를 알아봄 ・몇 년 동안 성장이 지속된다면 양호 ・최근 몇 년 동안 성장세가 둔화되고 감소한다면 원인을 파악
재무 상황	●영업이익과 경상이익 순이익 현금 흐름, 주가 흐름 등 파악 ・최근 3년 동안 영업이익이 얼마고 몇 %나 되는가? ・영업이익도 중요하지만 영업 외 수익이 있다면 영업 외 수익을 제외한 순이익이 얼마고 순이익률은 얼마인가? ・매출은 지속적으로 성장하고 있는 추세인가? 줄고 있는 추세라면 원인은?
최근 신제품 동향	・최근 지속적으로 신제품이 출시되어 시장을 리드하는지와 향후 가능성을 확인. 또한 그동안 출시된 제품 숙지 ・연구 개발과 교육 등에 투자하는 예산은 경쟁사 대비 어느 정도인지? 최근 늘고 있는 추세인지 감소하고 있는 추세인지?

레벨 5: 살아 있는 현장정보 탐색

현장에서 얻을 수 있는 기업정보는 그야말로 살아 있는 정보요, 남들과 차별화 할 수 있는 정보다. 그렇기 때문에 중요하고 다른 지원자와 차별화하기 위해서는 반드시 자신의 노력으로 구해야 한다. 컴퓨터에 앉아서 찾는 정보는 누구나 할 수 있지만 발로 뛰어서 찾을 수 있는 정보는 누구나 할 수 없다. 때문에 다른 지원자들과 더욱 차별화 시킬 수 있는 것이다.

현장정보를 통해 얻을 수 있는 기업정보 수집 방법으로는

첫째, 인적 네트워크를 통해 얻은 기업정보다. 네트워크를 통하면 내면에 있는 외부에 알려지지 않은 현실을 파악할 수 있으므로 매우 유용하다. 정말 내가 가

야 할 기업인지 아닌지 결정하는데도 도움이 된다. 만약 'A'라는 기업에 잘 아는 친구나 선배가 근무한다고 하자. 자신이 하고자는 하는 직무와도 관계가 있고, 모든 제반 조건이 좋아 그 회사를 지원하기로 마음먹었다.

좀 더 알아보기 위해 그 기업에 근무하는 선배에게 전화를 걸었다. 그러자 그 선배는 그 얘기를 꺼내자마자 대뜸 "다시 생각해 보라"는 것이었다. 이유를 물어 보니 기업이 연봉도 많이 주는 편이고 특별히 재무 상태에도 문제가 없는 기업이지만 결재 단계가 너무 복잡해서 조직 스트레스가 심하다는 것이 이유였다. 또 직위체계가 매우 복잡해 자신이 아이디어를 내고 무엇인가 해보려 해도 간섭하는 계층이 너무 많아 처음에 생각했던 아이디어는 윗사람들에 의해 난도질을 당해 나중에는 이도 저도 아닌 상태가 되어 일에 대한 보람 같은 것은 느낄 수 없다는 것이다.

재능 있는 후배들에 대한 질시도 심해서 작년에도 능력 있는 후배가 더 이상 버티지 못하고 사표를 제출했단다. 그 얘기를 듣는 순간 그는 마음을 고쳐 먹을 수밖에 없었다. 이처럼 인적 네트워크를 통해 의외의 수확을 거둘 수 있다. 뿐만 아니라 그 회사가 추진하고 있는 중요한 프로젝트와 그 회사의 장단점까지도 세밀하게 파악할 수 있으니 매우 유효한 수단임에 틀림없다.

기존에 네트워크가 있다면 문제가 없겠지만 모든 기업에 네트워크가 있을 수는 없을 것이다. 그럴 때는 연결 가능한 인맥을 최대한 활용해야 한다. 예를 들어 대부분의 학교에서는 주요 기업에 취업한 선배들의 리스트와 연락처를 확보하고 있다. 연락처는 없더라고 최소한 리스트는 확보하고 있을 것이다. 그 선배에게 전화하고 찾아가자. 오지 말라고 할 선배는 없을 것이다. 오히려 후배의 열정에 대견해하고 흐뭇해할 것이다. 또 그 선배를 통해 중요한 내용의 정보를 파악하고 필요하면 다른 기업에 근무하는 유능한 선배의 연락처도 알 수 있을 것이다.

둘째, 고급 기업정보를 파악하고 효과적인 네트워크를 구성하는 또 다른 방법은 외부 전문직무교육을 수강하는 방법이다. 생산성본부라든지, 표준협회, 능률협회뿐 아니라 다양한 교육기관에서 외부직무교육을 운영하고 있다. 다소 비용의 부담이 있더라도 이런 외부 전문직무교육을 수강할 필요가 있다.

이 과정을 통해 학교에서 배우는 전공과 실제 기업에서 필요로 하는 내용에 얼마나 괴리가 있는지 알 수 있고, 지원 직무를 수행하기 위해 기업에서 필요로 하는 역량이 무엇인지 알 수 있다. 또한 같이 교육에 참여하는 사람들이 각 기업체에서 오는 담당자들이니 이들을 통해 의외의 정보를 파악 할 수가 있는 것이다.

몇 년 전 모 기관에서 운영하는 외부 직무교육에 참여한 적이 있다. 대부분이 기업체에서 온 수강생이었는데, 대학교 4학년인 한 친구가 같이 수강하는 것이 아닌가. 그 친구는 누구보다 열심히 교육을 듣고 질문을 하면서 모르는 내용을 같이 공부하는 수강생들에게 물어보는 것을 봤다. 속으로 "대단하다"고 느끼고 있었다. 그 친구는 졸업 전에 훌륭한 기업에 복수합격해 어디로 갈 것인지 고민하고 있다고 들은 적이 있다. 이렇게 외부교육을 수강하게 되면 기업체 선배들과 네트워크를 형성할 수 있고, 기업을 지원할 때도 의외의 도움을 받을 수 있는 것이다.

셋째, 기업 지점 및 대리점 직접 방문을 통해 얻은 정보다.

가장 중요하고 알찬 정보는 여러분들의 발바닥에서 나온다. 일전에 우연히 인연이 되어 필자가 지도하던 정난경이라는 학생이 있었다. 그 친구는 지방대 출신에다 성적도 그다지 좋지 않아 "취업이 될 수 있을까" 싶을 정도로 조금 걱정이 되던 친구였다. 그런데 운 좋게도 우리나라 최고의 정수기 제조업체에 서류전형에 합격하게 되었다. 그때부터 우리는 작전을 짜기 시작했다. 그 친구는 이전에도 그 기업에 대해 관심이 많아 정보가 있긴 했지만 서류전형에 통과하자 만사를 제쳐두고 면접에서 승리하기 위한 방법을 찾기 시작했다. 집이 강남인 그녀는 나름대로 해당기업의 정수기의 질, 개선점, 정수기를 선택하는 데 있어 중요한 의사결정 요소, 만족도 등에 대한 설문지를 구성했다.

그것도 자그마치 50문항이 넘는 항목이었다. 그리고 사탕이나 과자를 준비해서 길거리에 서서 지나는 주부들을 상대로 과자를 주면서 설문지를 다 받아냈다. 안 한다고 손사래 치는 주부에게는 "젊은 사람 하나 살리는 셈 치고 도와주세요"라고 말하면서 설문지를 수령했다.

설문지를 받은 다음 이번에는 해당기업이 운영하는 대리점을 방문하기 시작했다. 처음에는 귀찮다고 본체만체했던 대리점 직원들도 두세 번 찾아가자 이런 저런 얘기를 해주기 시작했다. 본사에서는 현장의 사소한 문제점까지 관리하지 못하는 경우가 많은데, 그 회사 역시 현장직원들이 느끼는 문제점이 있다는 것을 알아내고 꼼꼼히 메모하기 시작했다. 난경 씨가 눈을 반짝 거리며 듣자 직원들은 더 신이 나서 얘기해주었다. 난경 씨는 직원들에게 수집한 내용을 가지고 강점, 약점, 기회, 위협 요인들을 나름대로 분석하기 시작했다. 그리고 이런 자료들을 가지고 개선점을 찾아 정리한 자료를 만들었다. 물론 설문조사한 내용도 함께였다.

그리고 면접에서 기회를 봐 그동안 조사했던 자료를 면접관들에게 배포하고 내용을 간략히 설명했다. 면접관들은 적잖게 감동받은 모습이었다. 난경 씨는 결국 회사에 당당히 합격해서 지금도 영업관리 업무를 훌륭하게 수행하고 있다.

이처럼 발로 뛰는 노력이 바로 치열한 취업 경쟁에서 승리하는 길이다. 이는 스스로를 차별화시키며, 이 과정에서 얻어지는 해당 회사에 대한 정보는 본인에게 맞는 회사를 선택하는 데도 많은 도움이 될 것이다.

취업동아리로 취업 뽀개기

취업동아리는 취업에 관심 있는 학생들이 모여 여러 가지 정보를 모으고, 역할 연기를 통해 면접에 대비하는 활동과 더불어 프로젝트도 같이 하는 활동이다. 공동의 관심사를 가지고 있는 다수의 사람들이 모여 활동하다 보니 많은 정보와 도움을 받을 수 있는 경우가 많다.

요즘에는 기업에 근무하는 사람에 버금갈 만큼 많은 정보와 노하우를 보유하고 있는 동아리도 많다. 따라서 취업동아리를 통해 기업에 대한 실시간 정보 특히 채용 동향에 대한 유익한 정보를 많이 활용할 수 있으므로 반드시 필요한 활동이다.

● 취업으로 가는 지름길

취업동아리는 같은 목적을 가진 학생들이 모여 취업을 준비하고 취업에 대한 정보를 공유하여 시너지 효과를 높이는 활동이다. 혼자서 할 때 효율이 높은 활동이 있고, 여러 명이 모일 때 효과가 커지는 것이 있다. 취업이야 말로 모여서 하는 것이 효과적이다. 외에도 취업동아리의 장점은 수없이 많다.

취업에 대한 정보를 공유할 수 있다

취업 동아리를 하게 되면 여러 가지 장점이 있다. 그 중 하나가 다양한 정보를 공유할 수 있다는 점이다. 한사람의 정보보다는 두 사람의 정보가, 두 사람의 정보 보다는 세 사람의 정보가 많은 것이 사실이다. 따라서 동아리를 통해 취업에 대한 다양한 정보를 얻을 수 있다.

서울 모 대학교에서 취업 동아리를 하는 윤경수 군은 국내 유망한 중견기업 중 하나인 화장품회사에 입사하려고 준비 중이다. 그런데 주위를 아무리 둘러봐도 아는 사람이 없는 점이 걱정이었다. 고민을 하던 중 취업동아리 회원 중 한 명의 사촌형이 그 회사에 근무하고 있어 취업 준비에 필요한 다양한 정보를 얻을 수 있었다.

기업에 대한 정보를 탐색하는 경우, 1개 기업의 정보만 탐색하고도 7개의 기업을 동시에 연구하는 효과를 누리게 된다(동아리 회원이 7명인 경우). 동아리 회원들이 수집한 각 기업의 정보를 모으게 되면 7개 기업에 대하 상세한 정보를 가지게 되기 때문이다.

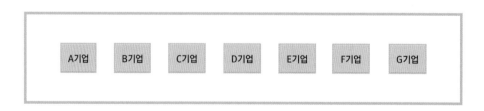

또한 취업에 있어 가장 중요한 직무탐색은 실질적인 정보를 구하는 것이 쉽지 않다. 하지만 각자가 최선을 다해 살아 있는 정보를 모으고, 이 정보를 각각 공

유한다면 서로 큰 힘이 될 것이다. 취업 동아리를 하게 되면 이처럼 시너지 효과를 누릴 수 있다.

서로에게 힘이 되어 준다

취업 동아리를 통해 맺어진 인연은 의외로 끈끈한 인연으로 발전할 수 있다. 정기적으로 모임을 가지고 때로는 시험에 떨어져 우울한 동료들을 위로하기도 한다. 같은 목적지를 향해 가고 있으므로 동료애도 남다르다. 따라서 힘들고 외로울 때 의외로 큰 힘이 되어 줄 수 있다.

아무리 친한 친구라 해도 나와 같은 입장에 처해 있지 않으면 나의 입장을 100% 이해하기는 힘들 것이다. 그런데 취업동아리는 같은 목적을 향해 가고 있을 뿐 아니라 같은 입장에 처해 있으므로 큰 힘이 되어 줄 수 있다. 게다가 이렇게 구성된 취업동아리는 취업을 하고 나서도 이어질 수 있는 훌륭한 인적 네트워크가 된다.

자신의 장단점을 명확히 파악할 수 있다

취업동아리를 하면서 한 공간에서 서로를 노출하게 된다. 또 필요에 따라서 토론, 발표도 한다. 공부뿐 아니라 식사나 휴식 등의 활동도 함께 하기 마련이다. 이런 과정에서 자기도 모르게 서로를 관찰하고 알아가게 된다. 특히, 중요한 점은 일상적인 관계에서 드러나지 않은 일을 하는 데 있어 역량과 장점을 파악할 수 있게 된다.

선의의 경쟁을 통해 더 많이 발전한다

취업 동아리를 하게 되면 회원들은 서로 도움을 주는 존재들이기도 하지만 선의의 경쟁 대상이다. 사안에 따라 서로 서로 발표를 하게 되기 때문이다. 이 과정에서 상대방의 장점을 배우게 되고 나는 더욱 발전할 수 있는 기회를 얻게 되는 것이다.

완주할 수 있다

"뭉치면 살고 흩어지면 죽는다." 취업을 준비하는 사람들이 명심해야 할 말이다. 취업준비는 혼자 하는 것보다 함께 모여서 하는 것이 효과적이다. 취업을 준비하다 보면 누구나 좌절을 경험하게 된다. 서류전형과 면접 과정에서 불합격을 경험하게 되면 아무리 강심장이라도 실망하게 되고, 자신감을 잃기 마련이다.

그런데 취업동아리를 하게 되면 이 과정에서 동아리 회원들이 낙방 끝에 취업하는 것을 보고 용기를 얻게 된다. 그래서 완주할 수 있게 된다. 또 동료들과 서로 위로하고 함께 이끌면서 완주할 수 있게 되는 것이다.

● 취업동아리에는 어떤 것들이 있을까?

취업동아리는 목적에 따라 다양하게 구성할 수 있다. 저학년의 경우 독서토론동아리, 진로설정동아리, 직무탐색동아리. 자기계발동아리와 고학년의 경우 외국어집중과정동아리, 기업분석동아리, 직무탐색동아리, 취업스킬향상동아리, 공모전준비동아리, 경제연구동아리, 프로젝트동아리 등 다양하게 운영할 수 있다.

저학년

- 독서토론동아리: 통찰력, 역량

- 진로설정동아리: 진로 확정

- 직무탐색동아리: 직무 알기

- 기업분석동아리: 기업 현미경 분석

- 자기계발동아리: 경력 개발

고학년

- 외국어집중과정동아리: 외국어 스펙 쌓기

- 기업분석동아리: 기업 현미경 분석

- 직무탐색동아리: 직무 알기

- 취업스킬향상동아리

  ① 입사서류준비동아리: 입사지원서 작성

  ② 차별화이력서작성동아리: 포트폴리오

  ③ 일반면접준비동아리: 면접 스킬 함양

  ④ 토론면접준비동아리: 토론 스킬 함양

- 프레젠테이션준비동아리: 프레젠테이션 스킬 함양

- 공모전준비동아리: 업무 간접경험 및 스펙 쌓기

- 경제연구동아리: 경제지식 쌓기

- 한자공부동아리: 창의력, 한자 능력

취업동아리는 다양하게 운영할 수 있기 때문에 목적과 유형에 따라 2~3개의 취업동아리를 동시에 가입하여 활동할 수도 있다.

● 취업동아리운영 프로세스

취업동아리를 운영하기 위해서는 동아리 회원들을 모아야 한다. 학생들의 경우 의외로 동아를 구성하는 첫 단계에 어려움을 느끼는 경우가 많다. 하지만 조금만 생각하면 방법은 간단하다. 동아리를 운영하는 방법을 잘 알아볼 수 있도록 단계별로 알아보자.

1단계: 모집공고

같은 학교 내 학생들과 동아리를 구성할 경우 학내 게시판(온·오프라인)에 동아리 회원 모집공고를 띄운다. 모집공고에는 다음과 같이 모집분야, 모집기간, 활동기간, 모집인원, 간단한 자격요건, 문의사항을 기록하여 게시한다. 타 학교 학생

우리의 도전은 계속된다. 쭉~~

아래와 같이 '마케팅 공모전' 취업동아리 회원을 모집합니다.

-아 래 -
◆**모집분야: 마케팅 공모전 참가자**
◆**모집기간: ○○○○년 ○○월 ~ ○○월**
◆**활동기간: ○○○○년 ○○월 ~ ○○월**
◆**모집인원: ○○명**
◆**자격요건: 열정 끈기**
◆**문의: 02)○○○○- ○○○○**

들과 동아리를 구성할 경우에는 다른 방법을 통해 모집할 수 있다. '취업뽀개기' 또는 '닥취고 취업' 사이트를 활용하여 모집하면 된다.

2단계: 동아리 구성

2단계에서는 동아리를 구성한다. 동아리 구성은 가능한 동일한 목적을 가진 사람들로 구성하는 것이 좋다. 그리고 다음과 같이 회장과 총무를 선출하고 운영규약을 만든다.

● 구성인원

구성인원은 5명에서 8명 정도가 적당하다. 너무 많으면 일사분란하게 모임을 이끌기가 어렵고 너무 소수면 정보공유 측면에서 큰 효과를 거둘 수 없기 때문이다.

● 간부 선출

간부는 회장과 총무로 구성된다. 회장은 비교적 고학년, 그리고 조직을 운영한 경험이 있으면 효과적일 수 있다. 비교적 예비역(군복무 완료)이나 연장자나 책임감이 있는 사람을 회장으로 임명하는 것이 좋다.

반면 총무는 좀 더 활동적이고 꼼꼼한 사람이어야 한다. 총무는 수시로 연락을 취하고 장소를 확보하고 결과보고서 등도 작성해야 하는 잡무가 주어지므로 가능한 저학년이 하는 것이 좋다. 그리고 남녀가 회장과 총무를 배분하는 것도 좋은 방법이다. 남자는 추진력과 책임감을 통해 모임을 리드하고 세밀하고 꼼꼼한 여성이 보완 노력을 하면 좋은 파트너십이 형성될 수 있다. 물론 원칙은 아니다.

● 운영규약 만들기

아무리 작은 모임이라도 운영규약을 작성하는 것이 좋다. 운영규약이 없으면 사소한 일로 갈등을 불러일으킬 수 있고, 동아리활동 자체가 붕괴될 수도 있기 때문이다. 따라서 활동목적, 간부의 역할과, 회비, 활동시기 등에 대해서는 규약으로 분명하게 명시하고 이에 의거하영 운영하는 것이 효율적이다. 운영규약에는 불참하는 사람들에게 대한 기준도 분명히 명시해야 한다.

3단계: 활동

활동에 있어 중요한 점은 모임 시기를 정기적으로 정해야 한다는 것이다. 정해놓지 않고 서로의 편의에 따라 모이게 되면 여러 사람의 이해관계가 엇갈리게 되므로 모임 시기를 잡기 어렵다. 따라서 모임 시기를 확정하고 정기모임에는 반드시 참석할 수 있도록 해야 한다. 이외 비정기적인 모임은 그때 필요에 따라 모이면 된다.

둘째, 활동을 하게 되면 활동일지를 작성한다. 활동일지는 자신들의 활동에 대한 피드백을 받을 수 있을 뿐 아니라 동아리활동이 취업지원팀의 지원을 받는 경우에는 결과보고서를 제출하게 한다. 이는 결과보고서 제출에 기초자료가 된다. 따라서 휴대폰을 활용하여 사진을 촬영한 다음 활동일지에 삽입하고 활동일지를 정리해 놓으면 후배들은 물론, 본인들의 발전에도 도움이 될 것이다.

셋째, 취업지원팀이나 전문가의 도움을 받자. 취업동아리를 하다 보면 인터넷 등에서 자료를 구하고 자신들끼리 답을 내리는 경우가 많다. 그러나 이는 매우 위험한 발상이다. 인터넷에 있는 자료는 실제 전문가의 오랜 경험이 녹아 있는 경우보다 일반적인 이야기를 옮기고 옮겨 나중에 왜곡되는 경우도 허다하다.

따라서 인터넷이나 책에 있는 자료를 그대로 활용하거나 정확한 지식이 없는 동아리 회원들끼리 공부하다보면 방향을 제대로 못잡고 노력만 허비하는 경우가 많다. 따라서 중간 중간 전문가를 초빙해 정확한 방향설정을 하는 것이 무엇보다 중요하다. 본인들이 전문가의 도움을 받을 수 없는 경우에는 취업지원팀에 요청하여 도움을 받을 수 있다.

4단계: 결과 정리

동아리활동이 종료된 다음에는 반드시 그 결과를 보도록 한다. 동아리 종료 후 함께 모여 잘된 점은 무엇이고 보완점(아쉬운 점)은 무엇인지 함께 알아봄으로써 다음 활동에 참고할 수 있다. 동아리활동을 하지 않더라도 결과를 확인하고 발전방향을 찾는 것은 매우 중요한 습관이기도 하기 때문이다.

취업은 뭉치면 살고 흩어지면 죽는다. 함께 모여 아이디어를 논의하고 자신보다 뛰어난 친구들에게 배울 수 있다면 현재보다 더욱 크게 발전할 수 있을 것이다. 저학년 때부터 동아리활동을 통해 취업에 완벽하게 대비할 수 있도록 하자.

입사
지원서

입사지원서의 이해

1

서류전형 시 입사지원서란?

● 이력서와 입사지원서의 차이

이는 사원을 채용함에 있어서 양식 차이일 뿐이다.

이력서는 인적사항, 학력, 가족, 병역, 자격증, 경력 등의 항목을 다양한 양식으로 볼 수 있도록 자유롭게 작성한 것을 말한다. 자기소개서는 이력서 사항에는 나타나지 않은 개인에 대한 이야기를 작성하는 것이다. 성장과정, 지원동기, 장래 포부, 특기사항 등의 항목을 작성한다.

입사지원서는 이력서와 자기소개서를 합쳐 놓은 것을 말하며, 일반적으로 서류전형 시에는 이력서와 자기소개서를 제출한다.

따라서 이력서 양식보다 입사지원서 양식으로 작성하는 것이 지원자의 입사하고자 하는 열의 및 성의로 평가받을 수 있다. 때문에 이력서보다 입사지원서를 권장한다. 용어 역시 입사지원서로 통일하고자 한다.

● 입사지원서의 중요성

입사지원서란 구직자의 과거, 현재, 미래, 경험, 능력 등을 총정리한 문서다. 자신의 상품을 홍보하기 위한 광고지이자 정보전달서이며 가치를 평가받는 아주 중요한 마케팅 도구다. 필기시험이 없어지면서 서류전형이 신입사원 선발 과정의 중요한 도구로 자리 잡은 지 오래되었으므로 단순 지원 개념보다는 '나를 뽑도록' 써야 한다.

서류전형의 비중이 커지는 이유는 간단하다. 대부분의 산업이 성숙기에 접어들면서 많은 기업이 신규 사업의 발굴과 성공 고민을 갖고 있기 때문이다. 따라서 새로운 프로세스를 창조하는 능력을 가진 인재를 어떻게 확보하고 육성하느냐가 기업성패 좌우한다는 것을 인지하고 있다. 이는 무한대에 가까운 선택과 가능성을 가진 거대한 실시간 지구촌 장터(Global bazaar)에서 지속적인 부가가치를 창출해야 하는 것이 기업체기 때문이다.

따라서 회사에서 찾은 인재는 구성원의 신명과 열정을 일으킬 수 있는 조직 문화환경을 만들고 불확실한 경영환경을 고려해 여러 종류의 시나리오를 만들고 가장 안 좋은 상황을 가정한 미래 대책도 준비해야 함은 물론 최선의 결과를 위해 주어진 일과 프로세스까지도 바꾸려는 사람이다. 스스로 일을 만들고 기존의 사고와 관행에 과감히 도전, 끈기와 용기로 성취하려는 가능성과 리더십 인재를 찾으려고 한다.

누구든지 취업하려면 입사지원서를 써야 한다. 입사지원서는 지나온 삶을 간단히 정리한다는 뜻을 지니고 있지만 취업전쟁이 심해지면서 점차 자신의 능력과 미래에 대한 포부까지 담아 내는 일종의 사전시험의 성격을 갖고 있다. 이 때문에 입사지원서 작성요령을 가르쳐주는 신종직업이 나타나고 있다. 급기야 미국 CNN까지 입사지원서 작성 가이드로 나섰다.

지원자들을 보면 대부분이 입사서류보다는 면접에 더 많은 비중을 두는 것 같다. 채용의 당락이 면접에서 결정된다고 믿기 때문이다. 그러나 어떤 지원자든지 서류전형 과정을 합격해야 면접을 볼 수 있다. 때문에 서류전형 과정은 면접 못지 않게 중요하다는 사실을 인식해야 한다. 아무리 역량이 뛰어나다고 하더라도 서류전형 과정을 통과하지 못하면 기회조차 없기 때문이다.

서류전형 시 인사담당자의 3가지 필터링 방법

● 지원자들이 제출한 모든 서류를 읽는 기업이 있다

개인적으로는 이런 기업들의 채용방식에 경의를 표한다. 지원자들이 성의를 다해 쓴 지원서를 읽어 본다는 성의를 가진 기업이라면 분명히 '인간존중'의 철학이 배어 있는 훌륭한 기업이라고 생각한다.

● 서류전형 필터링 과정에서 학교 가중치를 두는 기업이 있다

대기업을 비롯한 인지도 있는 기업들의 경우 수많은 지원자들이 입사서류를 제출하기 때문에 어느 정도의 필터링 과정을 거친다. 예를 들면 다음과 같이 학교성적, 외국어성적 등에 비중을 두고 계량화된 점수를 가지고 필터링을 실시하는 것이다.

구분	토익&외국어	제2외국어	학교성적별 가중치	
			학교성적	출신 학교 가중치
비중	50%	가점	50%	A등급: 1.0 B등급: 0.9 C등급: 0.8

그러나 여기서 주의할 것은 어떤 기업은 학교에 가중치를 두기도 한다는 점이다. 이렇게 되면 지방대생은 아무리 성적이나 기타 조건이 좋아도 실제 결과에서는 많은 차이가 날 수밖에 없다. 물론 이런 기업이 대다수는 아니지만 분명히 존재 하는 것이 사실이다. 다음에서 학교 레벨에서 A등급을 맞은 학생과, B등급을 맞은 학생을 분석해 보자.

구분	토익&외국어 (50%)	성적(50%)		필터링 점수	비고
A등급 출신 학생	700	4.0	1.0	81.2	36.8+44.4=
B등급 출신 학생	700	4.0	0.9	76.7	36.8+39.9=

*계산공식: (700÷950×50) +(4.0÷4.5×50×가중치) = 최종점수

표에서 볼 수 있듯 토익과 학교 성적이 동일할 경우에도 최종결과 점수는 무려 4.5점 차이가 난다. 1, 2점에서도 수백 명 지원자의 당락이 결정되기에 4.5점은 큰 점수 차라 할 수 있다. 따라서 이런 경우에는 학교 등급이 낮은 지원자들의 경우에는 소위 스펙이 대단해야 서류전형에 합격할 수 있을 것이다.

● 서류전형 필터링 과정에서 학교 가중치를 두지 않는 기업이 있다

서류전형 과정에서 수많은 지원자 중에 스펙을 가려 내기 위해 필터링 과정을 거치는데 두 번째 유형과 다른 점은 출신학교에 가중치를 두지 않는 것이다. 학교 및 외국어성적 등만 가지고 1차 여과작업을 거친 후에는 세밀하게 입사서류를 보고 평가해 면접을 보는 방식이다.

인사담당자의 입장에 서면 답이 보인다

입사지원서를 작성·제출하기 전에 꼭 염두에 두어야 할 것은 인사담당자를 배려하는 마음을 잊어서는 안 된다는 것과 서류전형자들의 상황을 분석해야 하는 점이다. 이를 잘 준수한다면 의외로 쉽게 서류전형을 통과할 수 있다.

채용공고를 하면 수백, 수천 명의 지원자가 입사지원서를 제출한다. 입사서류를 접수하는 직원은 서류봉투를 뜯고, 순서대로 정리하고, 접수대장에 입력하는 절차로 일을 처리한다. 때로는 접수대장 기록 전에 간단하게 입력 여부를 검열하는 회사도 있다. 또한 이메일 또는 회사 서버로 접수하는 회사는 화면상으로 읽지 않고 훑어보는데, 이때 첫 5줄 정도에서 느낌이 있어야 프린트할 가능성이 높다.

365일 채용전형만을 위해 존재하는 인사부서는 거의 없다. 인사담당자는 매일 반복되는 본연의 바쁜 업무 중에서 별도의 시간을 내어 서류전형을 진행한다. 보통 서류전형기간은 3~4일 정도다. 하루 8시간 동안 화장실도 가지 않고 1분에 1명의 서류전형을 진행한다고 하면 1일 480명, 2일 960명, 5일 2,400명을 볼 수 있다는 산술적 계산이 나온다.

똑같은 양식(회사지정 양식), 똑같은 색(흰 종이), 똑같은 글씨체(컴퓨터 글씨체)를 처음에는 꼼꼼하게 볼 수 있어도 시간이 흐르면 흐를수록 판단이 어렵고 싫증 나는 것은 인간의 어쩔 수 없는 변별력의 한계다. 고무 골무를 양쪽 검지에 끼우고 다년간 채용업무를 해보지 않은 사람은 위의 내용을 절대 이해하지 못할 것이다.

따라서 입사지원서는 다른 지원자와 다른 타인이 읽어 봐도 지루하지 않은 혼과 열정이 담긴 자기소개서를 전략적으로 작성하는 것이 중요하다. 읽지 않고 훑어볼 때 서류전형자의 관심사항(핵심사항)에 대해 작성했는가는 서류전형의 당락을 좌우한다. 느낌이 없는 서류는 15초 안에 1순위로 버려야 함이 서류전형의 현실이다.

2

입사지원서
형식 벗기기

입사지원서 평가항목

● 평가를 위한 계량화가 가능한 항목

성적, 자격증 유무, 어학능력, 나이, 졸업연도, 군필 여부, 건강 여부, 전공, 교육사항, 경력(인턴, 아르바이트) 여부, 봉사활동, 대·내외 활동, 희망급여, 희망지역, 희망부서, 상벌사항, 공모전 등은 평가항목으로 계량화할 수 있는 항목으로 정확하게 작성해야 한다. 위의 항목은 1차 서류전형에 직접적으로 영향을 줄 수 있으며 성적과 어학은 학생으로서 당연한 성실성의 척도로도 많이 평가한다. 성적, 어학 등은 어떤 전략이 있을 수 없다. 잘못 작성하면 사문서 위조로서 채용이 취소된다.

● 평가를 위해 계량화 할 수도 있고 하지 않을 수도 있는 항목

전공, 교육사항, 경력(인턴, 아르바이트) 여부, 봉사활동, 대·내외 활동, 희망급여, 희망지역, 희망부서, 상벌사항, 공모전 등은 평가를 위해 계량화할 수도 있고 하지 않을 수도 있는 항목이다. 따라서 위의 항목 중에서 일부는 의무적으로 작성할 이유는 없다. 지원자는 본인에게 유리할 것 같으면 작성하고 불리할 것 같으면 작성하지 않는 것이 유리하다.

● 평가에서 계량화 불가능한 항목

자기소개서, 취미, 특기, 가족사항 등은 계량화가 불가능한 항목이다. 자기소개서, 취미, 특기는 서류전형자에게 어떤 느낌을 주느냐가 당락을 좌우하기 때문에 역지사지 입장에서 작성하는 능력이 필요하다. 따라서 시대가 요구하는 인재상 및 변화하는 현실을 잘 연구해 작성해야 한다.

무엇보다 지원자의 전략이 필요한 부분이다. 평가항목에서 중요한 자기소개서의 맹점은 확인할 수 없고 증빙서류가 없다는 것이 서류전형자를 힘들게 하고 고민에 빠지게 한다. 계량화가 불가능하면서 좋은 느낌을 줄 수 있는 항목은 너무나 많다.

● 15초 안에 느낌을 주지 못하면 버려지는 항목과 내용

서류심사의 1차 통과의례로 보는 항목에 주의하자. 시간이 부족하고 바쁜 와중에서 많은 서류가 쌓여 있으면 버리는 서류부터 찾아서 없애는 경우가 서류심사의 1차 통과 의례로 볼 수 있다. 여기에는 고정적이고 객관적 평가항목이 다수다.

1. 정성(입사하고자 하는 열의)

2. 전공(업무 관련성), 나이, 평점, 어학, 졸업연도, 특기·취미, 지원부서·지역

3. 성격: 부서의 특성(영업: 활동적, 내근: 차분한 성격)

4. 자기소개서(취업 관련 인터넷 내용 복사 주의)

5. 자기관리 여부: 비만(외근부서: 용모 등)

6. 건강 상태(전염병 등)

7. 군필여부(미필 이유에 따라서 다름)

8. 가정생활·환경·성장배경(금전 관련 부서)

9. 희망연봉

---

 * '수능점수', '학교'가 아니라 대학생활에서의 취업에 대한 관심 및 실천, 그리고
   미래를 고민하는 자의 것이다 .

● 서류검토 시 가장 먼저 눈이 가는 항목은 사진

사람을 처음 만날 때 첫인상이 매우 중요하다. 이왕이면 다홍치마이기 때문이다. 보이지 않은 사람이지만 서류전형에서의 첫인상은 사진이다.

세계 모든 나라의 입사지원서에는 좌측 또는 우측에 사진을 붙이게 되어 있다. 따라서 서류전형자가 서류검토 시 제일 먼저 눈이 가는 곳이 사진이며 이후 다른 항목을 하나하나 읽으면서 체크한다.

사진에서 호감이 떨어진다면 다른 항목에도 안 좋은 영향을 줄 수 있다.

반대로 사진에서 인상이 좋고 호감이 간다면 만나고(면접) 싶은 마음에서 다른 항목에 후한 점수를 주는 경우가 종종 있다. 이는 인간이 하는 일이기에 어쩔 수 없는 상황이다. 얼굴이 넓은 형이라면 카메라를 얼굴과 너무 가까운 거리에서 찍으면 살찐 사람처럼 나올 것이고, 반대로 얼굴이 갸름한 형이 멀리서 찍으면 허약해 보여 건강하지 못하게 판단될 수도 있다. 따라서 사진의 거리 및 각도도 중요하다.

얼굴에 여드름이나 흉터가 있다면 화장을 통해 보완할 수 있다. 가능한 복장은 정장을 입고 찍는 것이 좋다. 여성지원자의 경우 상의가 너무 많이 파인 복장은 안 좋은 인상을 줄 수도 있다.

내근부서보다 외근부서(영업)는 친근감, 깨끗함, 호감 있는 인상 등을 고려해 전형하는 경우도 있다. 이는 상대할 고객들이 부담 없이 대할 수 있는 인상으로 회사의 이미지와도 연결하려는 것이 사람 심리이기 때문이다.

인사담당자의 90% 정도가 '실력 있는 비호감형'보다 실력이 다소 뒤지더라도 '호감이 가는 구직자'를 택하겠다고 설문에서 답변했다. 전문가 입장에서 사진의 중요성을 매우 높게 평가하고 싶다. 따라서 사진을 찍을 때 미용실에서 머리를 손질하고 단점을 보완하는 메이크업을 한 후 가능한 많은 사진을 찍어서 가장 잘 나온 사진을 한 장을 선정하면 될 것이다.

남자들은 내 사진을 내 놓았을 때 전 세계 여자들이 만나보고 싶다는 느낌을 줄 때까지 찍고, 여자들은 내 사진을 내 놓았을 때 전 세계 남자들이 만나보고 싶다는 느낌을 줄 때까지 찍으라고 조언하고 싶다. 그러나 성형수술을 하라는 것이 절대 아니다. 평소에 웃으면서 사람을 대하고 말하는 습관은 전형에서 매우 좋은 호감을 줄 수 있다. 이처럼 평소에 꾸준히 연습하여 상대방에게 편한 인상을 줄 수 있도록 만들어야 가능하다.

사진은 인사담당자가 면접 전에 지원자를 대하는 유일한 창구다. 동시에 자신의 첫인상을 결정 짓는 중요한 절차이다. 편견이라 할지라도 첫인상이 한 사람을 규정 짓는 데 얼마나 많은 영향을 미치는가는 우리 모두 잘 알고 있다. 그러므로 3개월 이내에 촬영한, 좋은 인상을 줄 수 있는 밝고 부드러운 이미지의 사진을 선택하도록 한다. 결혼 정년기에 있는 남녀가 서로의 사진을 보고 만날까 말까 고민하는 것과 같은 이치다.

서류전형 과정에서 기피하는 입사지원서

서류전형 과정에서 서류를 평가하는 사람들은 해당 지원자가 진심으로 우리 기업에 입사하고자 하는 지원자인지, 회사이름만 바꿔 지원하는 묻지마 지원자인지 조금만 관심을 기울이면 금방 알 수 있다.

최악 및 기피하는 사항을 알아보고 입사지원서 작성 시 이를 참고하도록 하자.

● 임의양식으로 제출한 입사지원서

회사별로 입사양식은 중점적으로 확인하려는 사항을 중심으로 연구해 지정한다. 따라서 어느 회사도 지원자가 임의로 양식을 변경한 입사지원서를 기피한다. 특히나 문서 능력을 감지할 수 있는 여백, 정열 등은 지원자의 문서를 다루는 능력도 판단하게 한다.

지정한 매수, 글자 수 등은 꼭 지켜야 한다. 또한 TXT파일로 보내라고 지정되어 있어도 이를 무시하고 별도의 파일로 작성해 첨부시켜 보내는 경우도 있다. 별도 파일이 개성 있고 눈에 띄기는 하지만 검토하기에는 불편하다. 한편 바이러스 감염 여부 때문에 열어보지 않는다면 어떻게 하겠는가?

인쇄를 하려는데 "구역의 여백이 인쇄할 수 있는 영역 밖에 있습니다. 계속 인쇄하시겠습니까?"

이런 문구가 화면에 나타나면 입사지원서를 즉시 삭제하고 싶은 욕구가 일지 않겠는가.

● 채용 조건에 미달하는 입사지원서

입사지원서에 있는 항목 중 미기록 사항에 대해 연락·확인 후 기록해줄 수 있는 인사담당자나 회사는 거의 없다는 사실을 명심하자. 미기재 주의항목으로는 입학·졸업연도, 전공, 평점, 특기사항, 군필사항, 지원부서·지역, 자격증 여부(이 공계 필수), 연락처 등이 있다.

또한 기업마다 내부적으로 계량화한 기준이 있는 곳도 있는데 이때 미달되는 입사지원서는 기피한다. 특히 전공, 성별, 나이, 학력, 학점, 자격증 등을 많이 본다.

● 기재 내용이 사실과 다른 입사지원서

간혹 학창시절의 봉사활동이나 사회경험란에 허위로 기재하는 지원자들도 있다. 이는 면접 시 허위 기재사실이 들통나기 때문에 없던 사실을 기재해서는 안 된다. 또한 취업 커뮤니티 사이트에서 모범답안을 복사한 자기소개서 및 숫자화된 사항에 대해 잘못 작성한 것은 입사하고 싶은 열의 및 성의가 없는 것으로 본다.

● 사진을 부착하지 않은 입사지원서

프로필 사진을 붙이지 않고 면접에 부르면 그때 제출하겠다고 하는 강심장도 있다. 스캔을 해서 이메일 또는 전산서버로 접수하는 경우 반드시 규격에 맞는 사진을 붙여야 한다. 또한 서류봉투로 우편접수할 때에는 많은 서류를 정리할 때 엉키면서 사진이 떨어지는 경우가 많기 때문에 꼼꼼히 확인해서 붙여야 한다.

● 그림(도형)이나 여러 가지 원색으로 치장한 입사지원서

빈약한 내용을 만회해 볼 생각으로 도형 또는 현란한 색깔을 활용해 눈속임하려는 서류는 인사담당자를 짜증나게 만든다. 창의적인 것과 꾸미려고 하는 것은 다르다는 것을 명심하자.

입사지원 방법에 따른 주의사항

● 기업홈페이지 채용 사이트를 통해 입사지원 시 주의사항

① 반드시 작성안내를 꼼꼼히 읽고 입력한다.

② 사진등록 시 반드시 주어진 규격에 맞춘다.

③ 가족관계 작성 시 전체가족을 쓰고 동거여부로 구분한다.

④ 취미 및 특기를 구분
해서 기재한다(취미-좋
아하는 것, 특기-잘하는
것).

⑤ 글자 수를 지켜라. 공
백을 포함해 글자제
한이 있는지 확인한

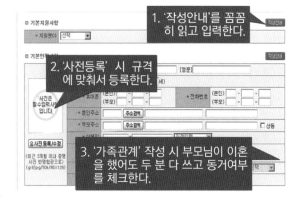

후 각 항목별 제시한 주제에 한해서만 입력해 제한한 글자 수를 넘지 않는다

⑥ 자기소개서 작성 시 워드나 한글프로그램에서 '복사'해 '붙여 넣기'를 할 경우 지원서 등록 시 에러가 발생할 수도 있으니 자기소개서는 직접 입력한다.

⑦ 사전에 자기소개서 작성내용을 별도의 파일로 저장해 둔다. 서버가 불안정해서 다운될 수 있으니 사전에 자기소개서항목에 맞게 작성해 놓은 후 작성내용을 보면서 입력하는 게 좋다.

⑧ 자기소개서 작성 시 특수문자나 기호 등을 입력할 경우 지원서 등록 시 에러가 발생할 수도 있으니 특수문자나 기호의 입력을 삼가야 한다.

⑨ 최종 '등록/확인' 후 수정버튼이 있는지 본다.

⑩ 입사지원한 후 수정기간을 통해서 컨설턴트에게 이력서 클리닉을 받아 수정하려고 하지만 채용시즌에는 취업 컨설턴트들도 바쁘기 때문에 클리닉을 못받는 경우가 발생할 수 있다. 따라서 사전에 받아 두는 것이 좋다.

귀하가 직장생활을 하는 데 도움이 될 수 있는 경험, 장점 또는 특기 등 다른 지원자와 차별화 될 수 있는 내용을 기술하여 주십시오. *(300자 이상 700자 이내)	글자 수 ___ 자

10년 후 인생의 목표와 그 목표를 달성하기 위해 귀하가 설정한 커리어 패스(Career Path)에 대해 기술하여 주십시오. *(300자 이상 700자 이내)	글자 수 ___ 자

● 기업서식을 다운받아 이메일로 입사지원 시 주의사항

채용공고에 회사 홈페이지에서 입사지원서를 다운받아 이메일로 보내라고 할 경우 임의로 자신이 만든 이력서 양식을 사용하는 것은 실례다. 또한 다운받은 이력서 서식을 임의대로 줄이나 칸을 없애거나 하는 등 서식을 변경해서도 안 된다. 자신을 알리고 싶은 포트폴리오입사지원서를 만들었다고 하면 회사에서 주어진 서식으로 입사지원서를 작성한 것과 포트폴리오로 작성한 것을 같이 보내야 한다.

● 주어진 서식이 없을 때 주의사항

서식이 따로 정해지지 않을 때는 입사지원서 서식이 더욱 중요하다. 서식만 보고도 지원자의 성실성을 가늠할 수 있기 때문이다.

첫째, 인사서식 1호로 작성하는 경우다. 이는 컴퓨터가 없던 시절 문구점에 가면 인쇄업자가 편리하게 만들어 놓은 양식을 살 수 있기 때문에 이를 문방구서식이라고도 불렀다. 컴퓨터를 사용하지 못해서 자필로 작성할 경우 이 서식을 활용하는 것이다.

둘째, 인터넷에 떠도는 서식을 다운로드해 사용하는 경우다. 인터넷에 다른 지원자들이 만들어서 사용했던 서식들이 돌아다니는데, 이 서식을 그대로 사용하

| 인사서식 제 1호 | 인터넷 다운로드 서식 | 자유형식 이력서 서식 |

이력서는 폼(Form)!

는 경우가 있다. 입사지원서 서식은 자신의 상황과 자신에게 유리하게 작성할 수 있어야 한다. 임의로 만들어진 인터넷 서식은 자신에게 불필요한 사항을 기재해야 하기에 오히려 불리할 경우가 많다. 입사지원서 상에서 빈칸은 자신의 헛점을 나타내기 때문에 주의해야 한다.

셋째, 입사지원서 서식이 정해지지 않은 경우다. 자신에게 유리한 입사지원서식을 만들어서 차별화시키는 것이 중요하다. 특히 스펙이 부족하다고 여긴다면 자신이 입사하고 싶은 의지를 입사지원서 서식에 보여 주는 것도 하나의 취업전략이 될 수 있다.

비록 스펙은 부족하지만 회사를 위해서 정성스럽게 만든 입사지원서를 보면 인사담당자들은 감동하지 않을 수가 없다. 더욱 자세한 정보는 이후 다음 장에서 소개되는 차별화 입사지원서 작성법을 참고하라.

● 취업포털사이트에서 직접 입사지원이 가능한 경우

온라인 취업사이트에서 입력한 서식을 그대로 보내는 경우, 인사담당자에게는 클릭 한 번으로 무조건 지원부터 하고 보자는 스팸형 지원자라는 인상을 가질 것이다. 때문에 성의 없는 구직자로 보일 수가 있다. 클릭 한 번으로 쉽게 지원이 가능하더라도 꼭 그 기업에 들어가고 싶다면 정성을 들인 입사지원서를 인사담당자의 이메일로 다시 보내는 것이 좋다.

3

차별화
입사지원서 전략

차별화 입사지원서의 중요성

● 서류뭉치 속 똑같은 한 장이 되지 말자

여러분이 인사담당자라고 생각해 보자. 유명 명문대 학생이 입사지원 양식 2장(이력서 1장+자기소개서 1장)을 제출했는데 여러분도 똑같이 2장을 제출했다. 인사담당자라면 당신은 둘 중 누구를 채용하겠는가? 답은 너무 뻔하다.

다른 지원자들이 이력서와 자기소개서로 구성된 입사지원서 2장만을 제출할 때 우리는 입사지원서와 더불어 제반 경력자료를 증명할 수 있는 차별화 입사지원서까지 첨부해 5장을 제출하면 어떨까? 이는 취업에 성공할 수 있는 가능성을 높이는 전술이다.

차별화 입사지원서

자신의 이력이나 경력 또는 실력 등을 알아볼 수 있도록 자신이 과거에 만든 작품이나 관련 내용 등을 모아 놓은 자료철 또는 자료 묶음이나 작품집으로, 실기와 관련된 경력 및 증거 증명서다.

● 왜 차별화 입사지원서를 준비해야 하는가?

서류전형 시 인사담당자들은 수백, 수천 명의 지원자를 만난다. 게다가 짧은 시간에 이 모든 지원자의 서류전형을 마쳐야 하기 때문에 피곤하다. 다른 사람과의 차별화 입사지원서로 인사담당자의 눈에 띈다면 좋은 점수를 받을 수 있다.

취업 전형은 나 자신을 하나의 상품으로 만들어 기업에 판매하는 것과 같다.

상품이 첫 번째 고객의 마음을 사로잡는 것은, 포장 또는 디자인으로 다른 상품보다 차별화되고, 고객의 마음에 들어야만 관심이 갈 것이다. 상품의 내용물과 관계없이 포장 및 디자인이 취업에서 서류전형이라고 할 수 있다. 내용물은 면접에 비유할 수 있다. 따라서 입사지원서에는 입사하고자 하는 열의 및 성의(혼)를 보여야 한다.

입사의 당락은 하늘(운)에 맡기고 던져보자는 식의 입사지원서는 담당자의 눈에 너무나 명확히 구분 가능하다는 사실을 잊어서는 안 된다. 작성하는 항목별로 여러 가지 차별화하는 방법이 많지만 각자의 현실과 비교해 조금만 생각하면 디지털 시대에 맞는 나만의 차별화 입사지원서 작성은 누구나 가능하다.

● 차별화 입사지원서 성공 사례

얼마 전 강의를 마치고 가려는데 한 학생이 찾아와서 자신의 차별화 입사지원서 검토를 부탁했다.

본인이 가고 싶은 ○○○중공업 홈페이지를 중심으로 차별화 입사지원서를 만들었는데, 한눈에도 지원자의 대단한 열정을 엿볼 수 있었다. 당시 ○○○중공업 홈피이지 메인이 회사 회장이 팔짱 끼고 있는 사진이었다. 그 사진을 자기 얼굴로 바꾸어서 만든 입사지원서였다. 당장 제출해도 합격할 서류로 보였기에 당장 지원하라고 조언했다.

3학년 2학기 재학 중인 학생이었다. 다른 학생들은 입사지원서 작성은 생각지도 못한 상황인데 한 발 앞서 준비한 학생이 대견했다. 이 학생은 2학년 2학기 때 차별화 입사지원서 강의를 처음 듣고 3학년 1학기 5월에 다시 수업을 청강한 후 6개월간 노력 끝에 11월이 되어서야 서류를 완성했다고 했다. 물론 그 해 하반기 공채에 당당히 합격했다.

---

* '수능점수'로 취업하는 것이 아니라 학교 생활 동안의 '학교의 관심' 및 '멘토의 능력·역할'에 따라 성과의 변화가 나타난다.

차별화 입사지원서 작성 방법

● 연구 방법 1: 공통항목 및 유리한 항목을 만들어라

회사별로 발표한 입사지원서를 5개 이상 다운받아 공통적인 항목을 발굴 및

입 사 지 원 서

(수험번호   )

<table>
<tr><td rowspan="4">최근 3개월 이내
촬영한 사진
3.5 × 4.5cm</td><td rowspan="3">성 명</td><td>(한글)</td><td rowspan="3">응시
구분</td><td>신입 (   )</td></tr>
<tr><td>(한자)</td><td>경력 (   )</td></tr>
<tr><td>(영문)</td><td>간부 (   )</td></tr>
<tr><td>주민등록번호</td><td></td><td rowspan="1">희망
근무
부서</td><td>제 1 지망</td></tr>
</table>

	성 명	(한글)	응시 구분	신입 ( )
최근 3개월 이내 촬영한 사진 3.5 × 4.5cm		(한자)		경력 ( )
		(영문)		간부 ( )
	주민등록번호		희망 근무 부서	제 1 지망
	본 적			제 2 지망
	주 소		희망 근무 지역	1.
	연 락 처	☎( ) H.P		2.

<table>
<tr><td rowspan="6">학
력</td><td>년 월</td><td colspan="2">고등학교 졸업, 검정고시</td><td>소재지</td><td></td><td colspan="4">대학성적</td></tr>
<tr><td>년 월</td><td colspan="2">전문대학   학과졸업</td><td>소재지</td><td></td><td>1학년</td><td></td><td>3학년</td><td></td></tr>
<tr><td>년 월</td><td>대학교</td><td>학과(입학·편입)</td><td>본·분교</td><td>주·야간</td><td>2학년</td><td></td><td>4학년</td><td></td></tr>
<tr><td>년 월</td><td>대학교</td><td>학과(졸업·졸예)</td><td>소재지</td><td colspan="2">백분율 환산점수</td><td colspan="2">누계취득평점</td><td></td></tr>
<tr><td>년 월</td><td>대학교 대학원</td><td>과 (입학)</td><td>세부전공</td><td colspan="2">/100</td><td colspan="2"> / </td><td>만점</td></tr>
<tr><td>년 월</td><td colspan="2">(   )학기 (졸업·졸예)</td><td colspan="2">대학원취득평점</td><td colspan="2"> / </td><td colspan="2">만점</td></tr>
</table>

외국어	영 어	시험(점)	시험(점)	회화 상·중·하	컴퓨터
		시험(점· 급)	시험(점· 급)	정도 상·중·하	활용능력
자격증·면허증	1.		2.	3.	4.
교내외 서클활동				취 미	
사회봉사활동				특 기	
연수(교외교육)				종 교	

병 역	군 별		계 급		신 체	신 장	체 중	시력	혈액형
	복무기간					cm	kg	좌	
	면제사유					건강상 특기사항		우	

희망직위		희망급여	월	원 / 년간	원

경 력	근무기간	직장명	최종직위	담당업무	월 급여액	사직사유

가 족 관 계	관계	성 명	연령	최종학교	근무처	직위	동거여부	가족	( )남 ( )녀중 ( )째
							동·별	관계	결혼여부 미혼·기혼
							동·별	가족의 월 수입	만원
							동·별	주거사항	자가·전세·기타( )
							동·별	보훈대상자	대 상( )
							동·별	여 부	비대상( )

	근친(6촌까지)중의 저명인사						구 분	자기평가란					기 타
관계	성 명	연령	근무처	직위	연락처			최상	상	중	하		
							근면 성실성						
							인내심 집념						
							목적(목표)의식						
		교우관계					책 임 감						
							도전정신						
							희생정신						
							부모에 대한 효						

추천인	성명	관계	연령	근무처 및 직위	연락처

자기소개서

성장과정

성격(장·단점 및 특기)

지원동기 및 업무수행을 위해 준비해 온 과정

교내외 단체활동 및 사회 봉사활동 체험

장래포부

남다른 취미 특기 지식이나 재능

기타

귀사의 모집전형에 응시하고자 하오며 상기 사실은 일체 허위 기재사실이 없음을 확인합니다.

년 월 일   지원자   (인)

귀중

참고해 양식을 만든다. 또한 나만의 차별화 및 경쟁력 사항에 대해 많은 것을 어필할 수 있도록 양식에 별도로 공란을 만들어서 중요한 부분을 구체적으로 강조하면 지원자에 대한 모든 내용을 서류로 보여줄 수 있으며, 서류전형자(면접관)에 대한 배려, 입사하고자 하는 성의로 보여질 수 있다.

자기소개서 문항은 회사의 특성에 맞게 연구, 수정해서 작성하면 되는데 이것도 서류합격의 한 가지 전략이다.

● 연구 방법 2: 양식을 정하지 말고 상상력을 동원하라

지원자의 과거, 현재, 미래에 대해 정해진 양식에 전부 표현할 수는 없다.

여러분의 미래는 끝없이 펼쳐진 백지 상태다. 이 하얀 백지에 인생이라는 열정적이고 창의적인 영화를 찍어야 한다. 양식을 정하지 말고 '연구 방법 1'의 내용을 기반으로 다양한 상상력과 창의적인 아이디어로 차별화 되게 작성한다(사례 참조).

여기에 자신의 사진이나 제반 증거자료 등을 삽입한다면 증거 중심의 입사지원서로 보여져 좋은 느낌과 함께 관심의 대상으로 면접대상자로 분류될 확률이 높다.

이렇게 만들면 입사하고자 하는 열의 및 성의와 함께 문서능력도 인정받게 되고 다양한 준비로 창의적인 도전 및 아이디어가 돋보이는 지원자로 보여진다.

또한 글씨크기, 글씨체, 정열(가운데, 아래위, 좌우 맞춤), 양식(셀)테두리 , 장평, 줄간격 등을 성의 있게 작성하면 사무능력, 성격 등도 평가 받을 수 있다. 단지, 단순한 자료 모음집이 되어서는 안 된다는 것을 명심하자.

● 연구 방법 3: 고정관념을 버려라

흰 종이에 작성해야 한다는 고정관념을 버리자

입사지원서를 꼭 흰 종이에 인쇄해 제출하라는 법은 없다. 고정관념을 버리고 연한 색지에 인쇄·작성하면 더욱 눈에 띈다.

컴퓨터로 작성해야 한다는 고정관념을 버리자

자신의 글씨체가 좋다면 자필로 써서 제출하면 어떨까? 모든 지원자가 너무도 당연하게 컴퓨터로 작성해 제출하기 때문에 자필로 작성하는 것 또한 차별화 방법이다.

입사하고자 하는 의지가 없다면 힘들게 자필로 입사지원서를 쓰려 하지 않을 것이다. 때문에 자필로 쓴다는 것은 그만큼 입사하고자 하는 의지를 보여주는 것이기도 하다. 또한 요즘 어떤 회사는 필체 점검을 위해 일부러 면접 때 갑자기 자기소개서를 자필로 다시 쓰게 하는 회사도 있다. 필체를 보면 그 사람의 정서를 알 수가 있다고 하니 유념하자. 필체가 좋은 것도 나만의 경쟁력이다.

튀는 서류는 안 된다는 고정관념을 버리자

시간이 없어서 입사지원서를 읽지 않고 훑어볼 때 지원자의 중요사항이 눈에 띄지 않으면 손해다. 따라서 바쁜 인사담당자(서류전형자)를 배려해 중요한 사항을 형광펜 또는 굵은 글씨체, 그림자 등으로 표시해주는 것도 관심을 끄는 방법이다. 그러나 글씨체(궁서체, 휴먼매직체)와 사진 등이 튀면 곤란하다.

이메일로만 접수해야 한다는 고정관념을 버리자

접수 방법에서 우편접수 또는 이메일이라고 한다면 우편접수로 차별화하자. 전산 서버가 잘 구축되지 않은 기업의 경우 의외로 이메일 접수의 문제점이 많다. 따라서 지원자 자신도 모르게 불이익을 볼 수도 있다. 접수시간을 앞두고는 접속이 폭주해 서버가 다운되는 경우도 많다. 이메일 접수 시에 바이러스 및 사용자의 잘못 등으로 데이터가 없어질 수도 있다. 이런 문제가 발생했을 때 확인해 다시 제출토록 연락할 수가 없다. 또한 정상적으로 입사지원서를 보냈는데 받는 사람의 입장에서는 파일이 열리지 않거나 파일이 깨져 있는 경우가 있을 수 있다.

입사지원서 양식에서 제시된 공란은 전부 채워라

기업에서 양식을 만들 때에는 모든 지원자를 동일한 조건에서 비교하고 싶은

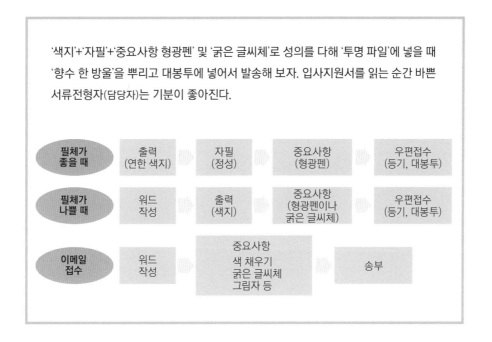

'색지'+'자필'+'중요사항 형광펜' 및 '굵은 글씨체'로 성의를 다해 '투명 파일'에 넣을 때 '향수 한 방울'을 뿌리고 대봉투에 넣어서 발송해 보자. 입사지원서를 읽는 순간 바쁜 서류전형자(담당자)는 기분이 좋아진다.

필체가 좋을 때	출력 (연한 색지)	자필 (정성)	중요사항 (형광펜)	우편접수 (등기, 대봉투)
필체가 나쁠 때	워드 작성	출력 (색지)	중요사항 (형광펜이나 굵은 글씨체)	우편접수 (등기, 대봉투)
이메일 접수	워드 작성	중요사항 색 채우기 굵은 글씨체 그림자 등		송부

생각을 가지고 있다. 다른 지원자는 전부 기록하고 공란이 없는데 반해 자신은 공란이 많다는 것은 성실성 또는 입사 열의가 부족한 것으로 인식될 수 있다. 당연히 좋은 점수를 받기 어렵다. 더욱 중요한 것은 지원자 데이터베이스를 조건 검색할 때 누락되기 쉽다는 점이다.

차별화 입사지원서 사례

● 회사 홈페이지를 이용해 첫 페이지를 만든 사례

지원하는 회사 홈페이지를 이용해 자신의 모든 증거자료 등을 활용해 만든 입사지원서를 소개하고자 한다. 이는 지원회사에 대한 관심으로도 보여질 수 있기 때문이다.

다음에서 보여준 사례 이외에도 본인의 여러 가지 증빙자료(사진)를 근거로 만들 수가 있다. 예를 들어 어린 시절 자신의 돌 사진을 〈순풍 산부인과〉에 출연한 탤런트 오지명 씨가 아기를 안고 있는 사진에 포토샵으로 편집해 넣을 수 있다.

'동아리활동, 봉사활동 사진', '아르바이트 및 수상 사진(경력관리 강조)', '몰입(공부)하는 사진: 희망업무 자격증 취득', '드라마 〈올인〉에서 탤런트 이병헌 씨의 마지막 승부수 사진' 등을 활용해 차별화한 사례가 있다.

차별화 입사지원서 성공 사례(첫 페이지)

▶▶ 뉴스란에 본인의 장래포부를 간단하게 표시했다. 회사의 주력업종인 선박과 함께 본인의 사진을 삽입, 조선해양에 일조하려는 의지를 보였다. 또한 지원자로서 "제 꿈과 미래를 함께 하겠습니다"라는 헤드라인 타이틀로 입사 각오는 물론 홈페이지의 여러 내용을 본인이 생각하고 표현하고 싶은 내용으로 전부 바꾼 부분이 돋보인다.

● 인적사항 사례

포트폴리오 입사지원서뿐만 아니라 한글로 입사지원서를 작성할 때도 기본지원사항이나 기본인적사항과 같은 항목을 만들 때 앞에 회사의 CI를 활용한다. 취미를 자신이 참가했던 마라톤 사진과 신문스크랩 사진 등을 이용해 시각화했다.

차별화 입사지원서 성공 사례(인적사항)

하나은행

| 인적사항 | 학력사항 | 경력활동 | 자기소개 |

기본지원사항 | 기본인적사항 | 신상자료

기본지원사항

지 원 분 야	[부문] 2009년 신입행원 채용	희망근무지	[제1지망] 대전
	[구분] 가계금융직렬		[제2지망] 청주

기본인적사항

성명	[구분]　　　 [한자]　　　 [영문] 성) Yu 이름)		
주민등록번호	840305 - 0000000 [만 25 세]	생년월일	1984년 0월 0일 (양력)
본적지	[312-932] 충청남도 금산군 진산면 ○○리 ○○○번지		
현주소	[302-823] 대전광역시 서구 도마2동 ○○○- ○○번지		
전화번호	042-000-0000	휴대폰	011-000-0000
E-mail	Jin-7658@hanmail.net	국적	대한민국

신상자료

취미	마라톤, 신문스크랩
특기	설명(설득)
종교	기독교

(3대 하천 마라톤대회)　　(대전 마라톤대회)　　(스크랩 중인 하나은행 신문 기사)

▶▶ 기본 인적사항에 대하여 지원회사 마크로 표시하고 작성한 사항에 대하여 사실임을 증명하기 위한 사진 및 지원자의 자료를 첨부한 것이 차별화를 준다.

● 활동 및 경력사항 사례

홈페이지 화면을 이용해 자신의 내용으로 바꿀 수 있다. 학창시절 활동 및 경력사항을 자신의 학창시절 활동했던 사진 등으로 잘 활용해 만들면 된다. 사진 대신에 학창시절 자신의 역량을 중심으로 만들 수도 있다.

차별화 입사지원서 성공 사례(활동 및 경력)

▶▶ 제반 활동 및 경력사항에 대하여 증거자료(사진) 삽입과 함께 본인의 여러 가지 표정을 재미있게 표현한 것이 차별화 특징이다.

차별화 입사지원서 성공 사례(경력)

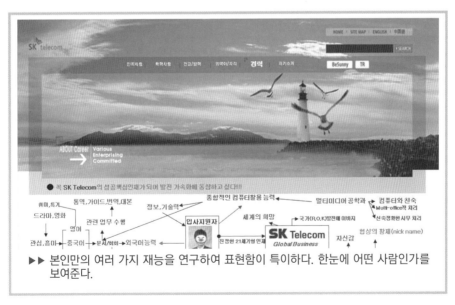

▶▶ 본인만의 여러 가지 재능을 연구하여 표현함이 특이하다. 한눈에 어떤 사람인가를 보여준다.

● 성격 및 재능 사례

차별화 입사지원서 성공 사례(성격 및 재능)

❸ 자신의 성격

"천상천하 유아독존보다, 공동체의식"

요즘 신세대의 톡톡 튀는 개성은 없지만, 자신의 입장보다는 상대방의 입장을 먼저 생각하여 존중해주는 등 생각하는 마음의 폭이 넓습니다. 그리고 객관적인 상태를 수용하는 능력과 풍부한 이해심으로 다른 사람들과의 상호보완적인 노력을 아끼지 않아 공동체의식과 대인관계가 원만합니다. 이런 성격은 기업에 입사하면 기업문화에 잘 편승하여 그 속에서 자신의 역량을 발휘할 수 있는 적응력이라고 생각합니다.

"조용함 속의 열정"

평소 조용한 성격이지만 제게 책임이 주어진 임무와 좋아하는 일이나 운동을 할 때면 누구보다 적극적이고 열정적으로 임합니다. 그래서 가끔 저를 잘아는 지인들 조차도 '저 사람에게 저런 면이 있구나'하고 놀라기도 합니다. 이런 성격은 업무를 수행하는 데 있어서의 추진력이라고 생각합니다.

"책임감이 강한 사람이 되어라"

무슨 일을 하든 책임감 있는 사람이 되라는 부모님의 가르침에 영향을 받아서 모든 일에 책임감을 가지고 성실하게 임합니다. 그래서 자기 일을 묵묵히 책임감과 성실함을 다해서 하는 것을 보고 주위 지인들은 '소나무같다', '뚝배기같다'라는 말을 합니다. 이런 성격을 업무를 수행하는데 있어서의 지구력이라고 생각합니다.

❸ 남다른 지식이나 재능

"지원업무에 대한 실무경험 풍부"

학부 3,4학년 재학 중 근로 장학생으로서 학과 교수님들의 연구업무와 학과조교님들의 학사업무를 보조했으며, 대학원 재학 중에는 연구조교로 임용되어서 학과의 학사업무를 담당하여서 처리하였습니다. 더불어서 학부, 대학원 재학 중부터 지금까지 지도교수님의 사기업 성과관리 프로젝트 보조와 교내외 과제를 담당하여서 처리하였습니다. 2005년 6월에는 전략적 성과관리시스템 구축을 내용으로 하는 논문으로 한국능률협회컨설팅에서 주관하는 '2005 대한민국 생산성 향상 우수논문 공모전'에서 동상을 수상하였습니다.

▶▶ 목표를 정하지 못하여 학교 홈페이지를 바탕으로 연구했다. 자기소개서의 기본적인 항목에 대하여 두세 개의 헤드라인 타이틀로 중요한 내용을 돋보이게 한 점이 차별화다.

차별화 입사지원서 성공 사례(성격의 장단점 및 경쟁력)

▶▶ 회사에 대한 헤드라인 타이틀도 특이하게 잘 만든 사례다. 일반적인 자기소개서 형식이 아닌 다양한 디자인을 연구하여 표현했다.

● 장래포부 사례

회사에 입사한 날을 기준으로 해서 자신이 입사 후에 어떻게 성장해 나갈 것인지 구체적인 일자를 제시해 신뢰감을 주고 있다.

차별화 입사지원서 성공 사례(장래포부)

미디어 포커스

언론매체에서 소개될 ▨▨▨를 소개합니다.
서울의, 대한민국의, 세계의 대표가 되는 그날까지 ▨▨▨는 계속 노력하겠습니다.

번호	제목	등록일
10	제2의 도약, 마케팅부서에서 또 한번 성공을 꿈꾼다.	2015-03-02
9	▨▨▨의 서비스매뉴얼개발, 여러 기업에서 벤치마킹시도	2014-03-02
8	최연소 팀장으로 승진	2012-03-05
7	고대하던 중국어를 마스터하다.	2010-03-23
6	VIP 의전팀으로 발령받아 고급화된 서비스 제공	2009-06-01
5	일본어를 정복하여 세계화 시대에 발맞춰감	2008-12-27
4	고객이 뽑은 최우수 친절 사원으로 뽑히다!	2008-05-14
3	TOEIC 850점 고지를 넘겨 기쁨을 만끽하다	2007-12-30
2	▨▨▨의 창의적인 아이디어로 기발한 기념품 발매	2007-07-07
1	독특한 자기소개서로 입사한 ▨▨▨	2007-05-14

◀ 1 ▶

제목 ▾ [   ] 검색

▨▨▨ 소개
　　개요
　　연혁
　　BI 소개

▨▨▨ 투어
이용안내
▨▨▨ 이모지모
포토앨범
미디어 포커스

차별화 입사지원서 성공 사례(장래포부)

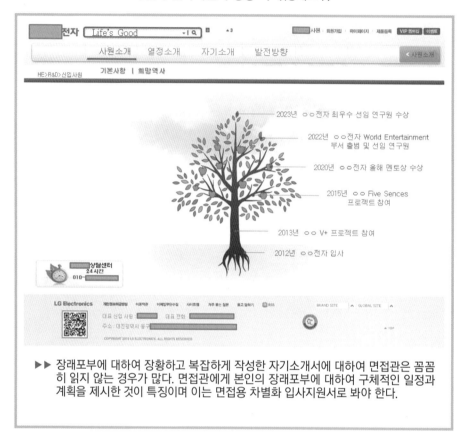

▶▶ 장래포부에 대하여 장황하고 복잡하게 작성한 자기소개서에 대하여 면접관은 꼼꼼히 읽지 않는 경우가 많다. 면접관에게 본인의 장래포부에 대하여 구체적인 일정과 계획을 제시한 것이 특징이며 이는 면접용 차별화 입사지원서로 봐야 한다.

● 발전 방향 및 제안 사례

차별화 입사지원서 성공 사례(발전 방향)

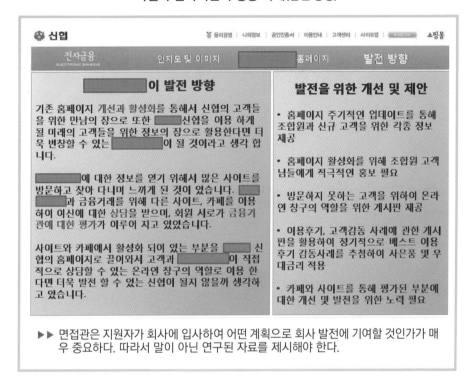

▶▶ 면접관은 지원자가 회사에 입사하여 어떤 계획으로 회사 발전에 기여할 것인가가 매우 중요하다. 따라서 말이 아닌 연구된 자료를 제시해야 한다.

자기소개서 벗기기

'자기소개서' 문항이 변하고 있다

● IMF 이전

평생직장 시대에서 평생직업 시대로 바뀌면서 자기소개서 문항이 급변하고 있다. 지금도 계속 발전 중이다. 잡(Job) 중심 시대인 현재 기업은 '준비된 인재', '경력직 같은 신입'을 선호하기 때문이다. 따라서 전국의 각 대학들이 저학년 때부터 취업 관련 과목을 개설하여 학점 부여, 외부강사 초빙 특강, 취업행사 등을 통해 취업준비를 일찍 시키는 이유다.

저학년 때부터 준비한 지원자와 고학년 때 준비한 지원자는 차이가 클 수밖에 없다.

과거의 항목은 성장과정, 지원동기, 장래포부, 본인의 장단점, 취미·특기, 기타 등 기본적인 사항이었다. 따라서 대학생활 중에서 별도로 자기소개서를 준비하거나 경력을 관리할 필요가 없었다.

● IMF 이후

1998~2010년 전후 자기소개서 항목의 변화를 보자. 성장과정(경력 중심 또는 학교생활 중심), 지원동기, 장래포부, 본인의 장단점 등은 시대가 변해도 변하지 않았다.

그러나 입사를 위해 준비한 사항, 목표를 가지고 도전해 성취한 사례, 희망직무/근무희망 부서 및 지원한 직무를 성공적으로 수행할 수 있다고 생각하는 이유, 대학에서의 동아리활동, 봉사활동, 사회단체 경험/해외연수, 여행 등의 경험, 경력소개(근무지/근무기간/담당업무 및 성과에 대해 구체적으로 쓰라), 회사가 당신을 채용해야 하는 이유 등의 항목은 계속 변하고 있다.

이런 부분은 사전에 충분히 인지하고 준비하지 않으면 입사지원서 빈칸 채우기도 힘들 것이다. 지금은 대학생활이 총 8학기가 아니라 16학기와 마찬가지다. 방학 8번 동안에 경력 및 스펙 관리를 하지 않으면 안 되는 게 냉정한 현실이다.

● 최근 기업들의 자기소개서 항목 사례

최근의 입사지원서 항목을 조사해 보면 하고 싶은 직무와 가고 싶은 기업을 일찍 정하고 준비하지 않으면 작성할 수 없는 자기소개서 항목들이 늘어나고 있다. 급변하고 있는 현실이다. 이제는 '졸업 시즌에 던져보자는 식의 지원자는 절대 채용하지 않겠다'는 의미다.

저학년 때부터 입사하고 싶은 회사를 정하고 관심을 가지고 준비한 자만을 채용하려는 의지를 보여주는 자기소개서가 나오고 있다. 희망하는 회사를 일찍 결정하고 수시로 입사지원서 양식의 변화를 점검해 맞춤형 준비를 하지 않으면 안 되는 시대가 되었다.

다음은 최근 변화하는 항목 내용이다.

---

① 동아리활동이나 그밖의 경험(프로젝트, 인턴, 졸업작품 등) 가운데 새로운 아이디어를 제안한 경험은?

② 당신이 기존의 것과는 달리 개선해 효과를 본 사례는?

③ 자신이 다른 사람을 불신해서 그 사람과 긴장감이 조성되었던 사례에 대해 구체적으로 작성하시오.

④ 자신이 책임을 지고 일을 시작해서 완료해야 했던 경험은?

⑤ 전적인 목표를 정하고 열정적으로 일을 추진했던 경험을 구체적으로 기술해 주십시오. 특히, 일을 추진해 나가는 데 있어서 어려웠던 점과 그 결과에 대해서 중점적으로 기술해 주시기 바랍니다.

⑥ 부족한 지식이나 역량, 또는 새로운 기술을 개발하기 위해 노력을 기울였던 사례를 기술해 주십시오. 그러한 노력을 기울이게 된 계기와 그 결과에 대해서 중점적으로 기술해 주시기 바랍니다.

⑦ 학창 생활, 사회 경험 등을 통해 상대의 어려움을 지나치지 않고 도와주었던 경험을 기술해 주십시오. 당시의 상황 및 그 결과에 대해서 중점적으로 기술해 주시기 바랍니다.

⑧ 상황을 보는 시각과 견해의 차이가 많았으나 상대방의 의견을 존중하면서 원만한 결론을 도출했던 경험을 기술해 주십시오. 당시 의견 차이가 발생한 원

인은 어떤 사항이었고 어떠한 방법으로 결론을 도출했는지를 중점적으로 기술해 주시기 바랍니다.

⑨ 지금까지 누군가에게 기대 이상으로 일을 해 준 대표적인 사례 및 그로 인한 결과, 교훈 등

⑩ 처음 보는 사람에게 먼저 다가가서 도움을 준 가장 최근의 경험 등

⑪ 다른 사람과 협력해 더 나은 결과를 얻을 수 있었던 대표적인 경험

⑫ 내가 손해를 보더라도 팀의 목표를 달성하기 위해 헌신해 본 경험 등

⑬ 어떤 문제점이나 부족한 점을 보고 개선해 효과를 본 가장 대표적인 사례

⑭ 최근에 새로운 일에 도전했다면 그 이유와 결과 등

⑮ 다른 사람이 반대하는 일을 설득해 자신의 입장을 수용하도록 한 대표적인 경험

⑯ 상대방과 의사소통을 함에 있어서 어려움을 겪었던 경험 및 극복방안 등

⑰ 다른 사람이 미처 해결하지 못한 문제를 효과적으로 해결했던 경험이 있다면 상세히 기술하십시오(1,000자 이내).

- 진행 과정에서 어려웠던 점

- 문제를 해결하기 위해 생각했던 대응방안들

- 선택한 해결방안 및 그것을 선택한 이유

- 또한 문제 재발방지를 위해 했던 행동 및 결과에 대해 구체적으로 작성

⑱ 경험하지 않은 새로운 상황에 잘 적응해 주위사람들에게 인정 받거나 스스로 만족한 경험에 대해 기술하십시오(1,000자 이내).

- 진행 과정에서 적응해야만 했던 상황

- 이전 상황과 다른 점

- 적응하기 위해 했던 행동
- 결과 및 타인과 함께 공유한 노하우에 대해 최대한 구체적으로 작성

⑲ 사회생활을 시작함에 있어서 남들과 다르게 어떤 경험을 쌓아왔는지, 또는 특별한 능력을 얼마나 갖췄는지 스스로 평가해서 기술하십시오(600자 이내).

서류전형자가 관심 있는 핵심 9문제

서류전형 시 인사담당자가 보고자 하는 가장 관심 있는 항목과 내용은 따로 있다. 때문에 인사담당자의 마음을 움직일 수 있는 핵심 10문제를 파악해야 한다. 핵심 10문제를 파악하면 이는 사전에 충분히 고민했기 때문에 면접에서도 유리하게 작용할 수 있다. 즉, 서류전형자나 면접관은 동일하기에 전형 시 관심사항이 비슷하다는 점을 유의하자.

핵심 10문제를 어떤 방법으로 어떻게 연구할 것인가? 취업준비생은 핵심문제 1문제당 A4용지 1장씩, 총 10장 이상으로 연구해 완성해야 한다.

여백 1.5 이하 글씨크기 12포인트, 장폭 없이 작성하되 처음에는 15장 정도가 된다. 처음 작성하는 것이 매우 힘든 과제일 것이라 생각한다. 하루에 고작 문제 하나 정도밖에 해결하지 못할 것이다. 열가지 문제를 완성하는 데 열흘 이상이 소요된다.

이후 매일매일 읽으면서 단어정리(아버지, 어머니 → 부모님: 처음의 6글자가 3글

자로 줄어듦) 및 압축, 수정 반복하게 되면 핵심문제의 중요 내용만 남게 된다. 이 방법으로 처음의 15장 정도가 7~8장으로 줄어든다.

이렇게 만든 핵심문제는 각 회사별로 제시한 자기소개서 문항에 그대로 응용하면 된다. 회사별 자기소개서 문항은 거의 비슷하다. 이렇게 고민해 만들지 않으면 회사별 자기소개서 항목에 따라서 매일매일 고생해야 한다.

취업에 성공한 선배들이 말한다. 3시간 자면서 머리 싸매고 연구하는데 울고 싶었고 포기하고 싶었지만, 핵심문제 완성 후에 자기 자신의 자랑스러움을 알게 되었고 성공취업 할 자신감이 생겼다고 말이다. 힘든 과정 속에 성공취업이 다가오고 있다는 사실만은 명확하다.

● **핵심문제 1: 본인이 희망하는 업무 내용에 대해 연구하자**
같이 연구할 유사항목으로 면접에서도 확인할 수 있는 항목으로는
① 지원부서는 무엇을 하는지 아십니까?
② 입사한다면 어떤 부서에서 일하고 싶습니까(불합격: 아무 일이나 시켜주는 대로 최선을 다하겠다)?
③ 희망하는 근무지와 부서를 말하고 그 부서의 특성을 설명하십시오.
④ 회사에 입사해서 하고 싶은 일은 어떤 것입니까?
⑤ 지원자가 자신 있게 할 수 있는 일은 무엇입니까?
⑥ 전공과 지원업무와의 관련성에 대해 말씀해 보십시오(지원동기에도 활용 가능).
등이다.

희망하는 부서의 업무 내용을 알고 작성한 지원자와 모르고 작성한 지원자의 자세와 마음가짐 차이는 크다. 따라서 희망하는 업무 내용 및 필요적성을 꼭 인지하고 자기소개서를 작성해야만 느낌을 줄 수 있다. 최종 합격 권한을 가진 면접관은 같이 근무할 실무 부서장이기 때문이다.

취업포털사이트 '인크루트'에 의하면 실제 채용 직무와 관련된 내용의 추천 글일 경우 74.3%가 우대하거나 가산점을 줄 의향이 있다고 답했다. 기업 입장에서는 실제 직무와 연관된 지인이나 인맥의 추천 글을 주효하게 검토하는 것으로 나타났다. 따라서 본인이 희망하는 업무에 대해서 정확한 파악이 필요하다

희망부서 업무 내용을 파악하는 방법은 취업전략편 '직무분석' 부분을 참고하길 바란다.

● 핵심문제 2: 본인의 장단점 또는 성격의 장단점을 연구하자

같이 연구할 유사항목으로 면접에서도 확인할 수 있는 항목으로는

① 현재 자신의 약점 중 고치고 싶은 부분은 무엇입니까?

② 본인의 경쟁력과 그 이유는 무엇입니까?

③ 자신이 다른 사람과 구별되는 능력이나 기질은 무엇입니까?

④ 차별화 되게 자신을 내세울 만한 것(3가지)을 말하십시오.

⑤ 다른 지원자와 다른 자신만의 강점이 있다면 무엇입니까?

⑥ 입사 후 다른 사람들보다 잘할 수 있는 것을 쓰십시오(3가지).

⑦ ○○○ 씨는 자신의 인생에서 우리회사의 업무가 차지하는 비중이 어느 정도될 것 같습니까(준비된 사항과 연계 답변)?

⑧ 가장 자랑할 수 있는 일은 무엇입니까?

⑨ (면접질문) 경쟁력 중심으로 소개해 보십시오.

등이다.

지금까지의 모든 활동, 경험 등의 생활을 총정리한다. 아래의 양식을 바탕으로 입사지원 전까지의 모든 삶과 활동들을 정리해 연구하면 효율적으로 적용시킬 수 있다.

항목	기간	배운 점 느낀 점 아쉬운 점	성격&기타
① 아르바이트	○○년 ○월 ○일 ~ ○○년 ○월 ○일		
② 자격증			
③ ○○○○			
④ 동아리 임원			
⑤ 전공(지원업 무 관련)			
⑥ ○○○○			
⋮			
⑬ ○○○○			
⑭ ○○○○			
⑮ ○○○○			

예를 들어 ○○ 아르바이트를 했다고 하면 여기에서 배운 점, 느낀 점, 아쉬운 점을 정리한다. 배운 점, 느낀 점, 아쉬운 점 등에서 관련 성격도 도출해 낼 수 있으며 여기에서 관련 성격은 반드시 희망하는 업무의 성격과 연결해야 한다. 반면 전공이나 자격증의 경우는 희망업무와 관련해 배우 점, 느낀 점, 아쉬운 점을 통해 업무성격을 도출하기에는 무리가 있다.

위와 같이 연구한 자료를 바탕으로 SWOT 분석을 하면 된다. SWOT 분석은 취업전략편 'SWOT 분석'을 참고하기 바란다.

즉, 사례가 없으면 억지 또는 변명이 되나 이렇게 정리가 되어 있으면 사례가 있으므로 사실이 되는 것이다.

아래의 사항은 면접에서 많이 나오는 질문이다. 이를 역으로 연구하면 '배우고' '느낀 점' 등을 찾을 수 있다

① 학교 동아리활동을 통해 얻은 것은 무엇입니까?

② 본인이 속한 조직은 교내·외 중 어디며, 조직에서 본인의 역할과 비중은 어떠합니까?

③ 동아리활동을 하며 힘든 점이 없었습니까?

④ 가장 좋은 경험이 됐던 아르바이트는 무엇입니까?

⑤ 아르바이트를 통해 느낀 점은 무엇입니까?

⑥ 희망업무를 하는 데 있어 본인의 아르바이트 경력이 어떤 영향을 줄 수 있습니까?

● 핵심문제 3: 지원동기를 연구하자

같이 연구할 유사한 항목으로

① 우리회사를 특별히 지망하게 된 동기는 무엇입니까?

② 우리회사에 지망하겠다고 마음먹은 것은 언제며 어떤 동기에 의한 것입니까?

③ 우리부서(○○○직)을 선택한 이유는 무엇입니까?

④ 전공, 자격증, 기타 ○○○ 등이 희망업무 수행에 어떤 도움을 됩니까?

⑤ 우리회사에 대해 느끼고 생각한 것이 무엇입니까?

⑥ ○○업계(회사)에 흥미를 가지게 된 동기는 무엇입니까?

등이다.

실무에 있을 때 지원동기 항목에서 좋았던 내용은 '적성검사를 통한 소신 있는 지원', '꼭 해보고 싶은 욕망 및 열정을 피력한 사례', '활동 및 성격 등을 고려한 주위의 권유', '전문가 시대에 맞추어 진정한 프로맨이 되어 동종업계의 1인자가 되고 싶은 열정을 표현한' 지원동기였다.

● 핵심문제 4: 장래포부를 연구하자

같이 연구할 유사항목으로서 면접에서도 확인할 수 있는 항목으로는

① 당신이 회사에서 어디까지 승진할 수 있다고 생각하십니까? 그리고 이를 위해 수반되어야 할 노력은 무엇입니까?

② 10년, 20년 후 자기 모습(비전) 및 이유는 무엇입니까?

③ 미래에 대한 개인적 비전을 말씀해 보십시오.

④ 입사 후 포부를 밝혀 주십시오.

⑤ 입사 후의 목표와 각오를 말씀해 보십시오.

⑥ 10년 후의 헤드헌터의 표적이 되어 입사지원서를 낸다면 어떤 분야의 전문가가 되어 있을지를 말씀해 보십시오.

⑦ 입사 후 경력개발 계획을 설명하시오.

⑧ 미래의 자신의 꿈에 대해서 말씀해 보십시오.

등이다.

장래포부 항목은 단순히 성적보다는 회사에 오랫동안 근무할 사람을 찾는 것이다.

이는 자신이 지원한 업무에 대해 미래 커리어패스(Career path)를 알고 있는가 모르고 있는가의 문제다.

"회사에서 열심히 배운 후 ○년 후 내 사업을 하고 있을 것이다", "경험을 쌓은 후 경영학석사(MBA) 과정에 있을 것이다" 등 회사를 오래 다니지 않을 것 같은 느낌은 불합격이다. 여러분은 신입사원 전형에 응하고 있지만 회사는 이 회사를 이끌어 갈 미래의 임원을 전형하고 있다는 것을 명심해야 한다.

따라서 미래에 회사를 이끌어 갈 중책을 맡을 사람이 자신의 발전은 물론 회사를 어떻게 발전시키겠다는 구체적인 포부를 가지고 있어야 한다.

● **핵심문제 5: 차별화된 도전 사례 및 자랑거리를 연구하자**

같이 연구할 유사항목으로 면접에서도 확인할 수 있는 항목으로는

① 살아 오면서 자신에게 가장 중요했던 일들을 예로 든다면 무엇입니까?

② 살아 오면서 가장 힘들었던 일은 무엇이며, 어떻게 극복했습니까?

③ 살아 오면서 가장 성취감을 느꼈던 일은 무엇입니까?

④ 지금까지 살아오면서 본인의 가장 큰 업적이나 경험은 무엇입니까?

⑤ 일생에서 가장 보람 있었던(자신이 한 일 중) 순간은 언제였습니까?

⑥ 실패가 자신에게 가장 도움이 되었던 사례와 그 이유는?

⑦ 자신의 경험 중, 자기 스스로 계획해서 이루어 낸 사례가 있습니까?

⑧ 야심찬 목표를 세우고 도전한 적이 있습니까? 있다면 어떤 행동을 했고 무엇을 배우고 느끼셨습니까?

등이다.

IMF 이전에는 일부 면접에서나 등장한 것이 요즘은 왜 입사지원서까지 중요 질문으로 등장했는가를 먼저 알아야 한다. 과거에는 어려운 시골 환경에서 4~5 남매가 먹고 사는 삶 자체가 '도전·극복·성취'였다.

따라서 1990년 초반까지만 해도 위와 같은 질문이 거의 없었다. 그러나 지금은 기껏해야 두 명의 자녀를 낳아 기르기 때문에 대부분의 지원자가 외아들이나 외동딸로 부모의 지원으로 별다른 경제적 어려움 없이 성장한다. 이러다 보니 '약하고, 이기적이고, 개인적이다'는 선입견이 있다.

그러다 보니 회사에 입사해 조금이라도 어려운 일을 시키면 눈물부터 흘리고, 좀 더 힘든 일을 시키면 앞뒤 안 재고 사표 내고 퇴직한다. 즉 인내, 도전, 끈기, 성취의욕 등이 부족한 지원자가 많아졌다. 또한 공부는 과외로 어려운 일은 무조건 하지 않는 과잉보호 속에 성장해 남을 배려할 줄 모르고 자기만 아는 이기적이고 개인적인 성향의 지원자가 많아졌다. 인사담당자들은 이런 지원자가 자사에 입사하면 조직의 팀워크 등에 중대한 악영향을 줄 수 있다는 염려 때문에 기피한다.

따라서 남에 대한 배려심을 어필하는 스펙으로 봉사활동 및 서비스 등을 관심 있게 보게 된 것이다.

이런 등장 배경을 모르는 지원자들이 남자들은 군대 이야기, 여자들은 어학연수 등으로 자기소개서 및 면접에서 대답하기도 한다. 이는 최악의 답변이다. 군대 이야기는 면접관이 물어보기 전에 절대 먼저 꺼내는 것은 금지다. 군대는 특수조직으로 대한민국 남자 대다수는 군복무를 했다. 때문에 본인의 이야기는 절대 특별하지 않다.

사원이 회사에 입사해 오랫동안 근무하지 않으면 결국 회사만 손해기 때문에 파랑새증후군(현재 일에 만족하지 못하고 이상적인 직장을 찾아 떠돌아 다니는 현상) 및 메뚜기족(정처 없이 직장을 옮겨다니는 사람)들을 예방하기 위해 요구하는 질문임을 알아야 한다.

이런 문항에 대비하고자 요즘 학생들은 튀는 경력 만들기 열풍이 대단하다. 좋은 사례로 '국토순례대행진', '마라톤', '해병대 유격훈련 수료(여학생)', '전국일주 하이킹', '병영체험 수료(여학생)', '○○프로젝트 수행', '어양어선 선원 체험', '히말라야 등정', '해외에서 노숙' 등이 있다. 이런 좋은 사례에는 학생의 신분에 당연한 사례가 아닌 것이 더 느낌을 줄 수 있다는 것을 명심하자.

예의 들어 '국토순례대행진'의 경우 어릴 때 경험하는 것은 성장과정에서 부모님 뜻에 의한 경험으로, 가정교육으로 평가받을 수 있다. 그러나 대학생의 경우 또는 부모님, 교수가 여러분에게 국토순례대행진에 참가하라고 하면 가겠는가? 즉, 이를 체험했다는 것은 본인의 자발적 행위의 도전으로서 인내, 끈기, 건강, 성취감 등을 평가받게 되는 것이다.

● 핵심문제 6: 발전 방향 및 방안을 연구하자

가고자 하는 회사의 향후 발전 방향은 무엇이며 어떻게 나아가야 하는지 방안을 연구하자. 이는 지원업종, 업무, 또는 회사 먹을거리와 도전을 중심으로 연구해야 한다. 개인적인 포부도 중요하지만 그보다는 회사에 입사해 어떻게 회사의 발전에 기여할 것인지 계획 및 포부에 큰 관심을 가지고 있음을 명심하자. 언제나 무한경쟁 사회에서 살아남으려고 노력하는 것이 기업이다.

핵심문제와 관련해 인터넷 검색창에서 검색하면 수백 개의 사이트가 뜬다. 이를 종합적으로 정리할 시간이 없다. 가능한 빨리 자료를 조사해 신속하게 만들 수 있는 방법이 있다.

예를 들어 금융권이면 상위기관이 재경부나 은행연합회 등이다. 보통 매년 정부기관에서는 업종별 국가경쟁력 향상을 위해 발전을 위한 업종별 연구 용역을 실시한다. 이를 학회 또는 세미나에서 발표하게 된다. 이렇게 연구해 발표한 자료가 정부기관 사이트 자료실 또는 관련 학회, 동종업종 사이트에 있다.

이를 다운받아서 연구하면 훌륭한 자료가 된다. 이렇게 연구된 자료는 입사지원서의 장래포부에 일부 응용해 보자. 면접에서 장래포부 질문이 있을 때 대답하면 차별화가 된다.

● 핵심문제 7: 준비된 인재의 모습을 보여라

같이 연구할 유사항목으로 면접에서도 확인할 수 있는 항목으로는

① 입사를 위해 준비한 사항(사례)를 말하라.

② 직무에 있어서 다른 지원자와 차별화 되는 점 3가지를 말하라.

③ 본인이 직무에 최적의 인재인 이유를 설명하라.

④ 본인을 뽑아야 하는 이유를 직무 중심으로 말하라.

⑤ 자신이 우리회사에 왜 필요한 사람이라고 생각하나?

면접관을 설득하지 못하면 준비된 인재가 아니다. 일단 '뽑아주시면 열심히 하겠습니다'가 아니라 '시켜주시면 바로 업무에 투입되어 일할 수 있다'는 모습을 보여야 한다.

● 핵심문제 8: 경력 같은 신입의 모습을 보여라

같이 연구할 유사항목으로 면접에서도 확인할 수 있는 항목이다. 아래의 사항은 면접에서 많이 나오는 질문인데 이를 역으로 연구하면 '배우고', '느낀 점' 등을 찾을 수 있다

① 업무에 도움이 되는 아르바이트 경험이 있다면 어떤 것입니까?

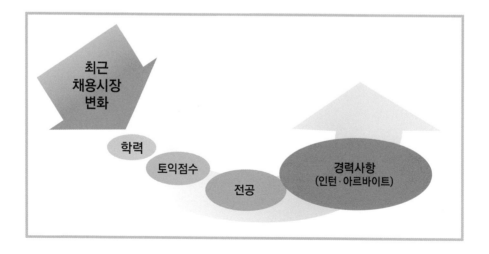

② 본인이 했던 아르바이트 중 가장 기억에 남는 것은 무엇입니까?

③ 아르바이트를 통해 배우고 느낀 점은 무엇입니까?

④ 희망업무를 하는 데 있어서 아르바이트 경력이 어떤 영향을 줄 수 있을 것 같습니까?

서류전형에서 합격 여부를 가장 많이 좌우하는 항목을 설문한 결과(복수응답), 지원자의 경력사항이란 응답이 78.5%로 가장 많았다(2008년 상반기 진행한 기업 638개, 자료: 잡코리아). 500인 미만 기업 인사담당자 322명을 대상으로 '대학생 취업 스펙'에 대한 설문조사한 결과 실무경험이 34.5%(자료: 알바천국)였다.

이처럼 인턴이나 아르바이트 경험을 차별화해 부각 시키지 않으면 불리하다는 것을 명심하자.

● 핵심문제 9: 회사가 본인을 채용해야 하는 이유를 연구하자

같이 연구할 유사항목으로 면접에서도 확인할 수 있는 항목으로는

① 자신이 우리회사에 왜 필요한 사람이라고 생각하십니까?

② 우리회사가 왜 자신을 선택해야 하는지 자신의 생각을 피력해 보십시오.

위의 7, 8, 9번은 1998년 IMF 이전에는 면접에서만 가끔 질문이 있었다. IMF 이후 평생직업 시대가 되면서 자기소개서까지 자리 잡은 중요한 항목이 되었다. 위의 7, 8, 9번을 연구해 '성장과정', '지원동기'에 응용하면 다른 지원자들보다 차별화할 수 있고 서류전형자의 관심을 끌 수 있을 것이다.

진솔해 보이는 자기소개서 만들기

기업은 입사서류 각 항목에서 무엇을 보고자 할까? 과거에는 '무엇을 배워서 알고 있는가?'였는데, 지금은 '무엇을 경험하고 할 수 있는가?'다. 이 부분을 이해 해야 인사담당자와 기업을 만족시키는 자기소개서를 작성할 수 있다. 기업마다 상이한 자기소개서 항목을 모두 다룰 수는 없다. 따라서 가장 보편적인 항목을 놓고 기업이 서류전형 과정에서 무엇을 보고자 하는지 알아보자.

● 성장과정

대부분의 기업에서 가장 먼저 나오는 항목이다. 기업에서 성장과정을 넣는 목 적은 무엇일까? 무난한 가정환경을 가지고 있으면 성격이 원만하다고 생각하기 때문일까? 아니면 다른 무엇이 있는 걸까? 기업에서 성장과정을 보는 이유는 지 원자의 인성과 품성, 그리고 현재의 가치관이 형성된 계기를 통해 종합적인 인성 을 파악하고자 하기 때문이다.

더불어 지원자가 해당기업의 문화 즉, 핵심가치와의 얼마나 일치하는지를 함 께 보고자 함이다. 물론 경우에 따라서는 성장과정을 통해 창의력이나 다양성, 직 무역량 등을 살필 수도 있을 것이다. 하지만 대부분의 경우 지원자의 인성, 품성, 가치관의 형성 배경을 보고자 한다.

따라서 "저는 화목한 가정에 태어났고 성장과정도 매우 평화로웠으며…", 혹 은 "제가 태어난 곳은 산이 높고 공기가 맑으며 아침에 일어나면 새소리를 들으며 호연지기를 키웠던 동네에서 태어나…" 등으로 추상적인 기술을 한다면 면접관 이 아무런 감동과 매력을 느끼지 못할 것이다.

다음은 자기소개서 작성 시 유의점에 대한 아모레퍼시픽 인사팀장의 의견이다.

Q 자기소개서를 작성할 때 유의점은?

A '엄격한 부모님 밑에서 자유로운 영혼을 키우며 자라났고…' 하는 식의 두루뭉술한 이야기를 쓰는 지원자들이 많다. 이력서에서는 자신만의 독창성을 표현해야 한다. 또 자신에게 유리하다고 해서 아무 경험을 나열해선 곤란하다. 지원한 직무에서 필요로 하는 역량과의 연관성을 드러내야 한다.

취업포털 커리어가 기업 채용담당자 455명을 대상으로 조사한 결과, 87.5%가 '호감 또는 비호감 인상을 주는 자기소개서 문장이 있다'고 답했다. 호감적인 인상을 받았던 문장(복수응답)은 '(이 회사·직무)에 지원하기 위해 ~을 준비했습니다'가 48.5%로 1위를 차지했다. 다음으로 '책임감을 갖고 있기 때문에'(27.1%), '~했지만 ~을 통해 극복했습니다'(23.9%), '항상 웃음을 잃지 않고 긍정적으로~'(22.1%), '몇 년 후 ~분야에서 전문가가 되고 싶습니다'(20.1%)의 순이었다.

반면 비호감형 문장(복수응답)으로는 '엄격하신 아버지와 자상한 어머니 사이에서 태어나~'가 71.1%로 가장 많았다. '뽑아만 주신다면 무슨 일이든 하겠습니다'(48.0%), '귀사라는 단어가 반복되는 문장'(35.9%) 등과 같은 목표나 지원회사가 분명하지 않은 막무가내식 표현도 좋은 인상을 주지 못하는 것으로 나타났다.

이어 '솔직히 말씀 드리면~'(31.7%), '저는(나는)으로 시작되는 문장의 반복'(27.4%), '학창시절 결석 한 번 없이 성실하게 생활했으며~'(22.1%), '귀사를 통해 발전하도록 하겠습니다'(14.1%)의 순이었다.

다음 내용은 성장과정에 대한 워스트 및 베스트 사례다.

워스트 사례 1

저는 1979년 평범한 회사원으로 인정 많으신 아버님과 언제나 긍정적으로 모든 일을 생각하시는 어머님 밑에서 3녀 중 차녀로 태어났습니다. 경제적으로 넉넉한 가정은 아니었지만 부모님의 따뜻한 사랑과 관심이 저를 긍정적으로 성장할 수 있도록 만들었습니다. 또한 차녀라는 중간 위치는 저를 독립적이고 책임감이 강한, 그러면서도 사람들과 잘 어울릴 수 있는 성격으로 만들어 주었습니다.

워스트 사례 2

저는 1남 1녀 중 장남으로 태어나 여느 가정과 다를 바 없이 화목한 가정에서 성장과정을 가졌습니다. 저의 아버지는 힘든 생활형편에 많은 시련을 겪으시며 자수성가하셔서 저에게 많은 가르침을 주셨습니다. 무슨 일을 하던지 바로 앞의 일만을 추구하시지 않고 멀리 바라보시며, 그 일에 미래를 보고 일하시는 점을 많이 배우고 가르침을 받았습니다.

또한 저희 어머니는 독거노인 목욕봉사, 양로원 청소와 이발 등등 기독교단체 안에서 많은 봉사활동을 하시며 저에게 많은 봉사정신을 일깨워 많은 생활 습관 및 정신을 많이 바뀌게 해주셨습니다. 저는 위에서 보면 알듯이 부모님으로부터 많은 가르침과 생활습관을 보고 배우며 자라왔습니다. '언제나 최선을 다하자'라는 저희 집안 가훈처럼 포기하지 않으며 실패하더라도 최선을 다하는 마음으로 성장해 왔습니다.

베스트 사례 1

상대를 배려하는 마음과 성실성은 우리 집의 신념임을 잊지 말아라.

군인으로의 유머감각과 언변, 각종 스포츠, 한국사에 능하시고 현대사회 변화에 관심이 많으셨던 아버지께서는 상대방을 배려하는 마음과 어디에서든 행해져야 하는 성실함을 가장 중요한 기준으로 삼으라고 늘 말씀해 주셨습니다.

이러한 신념은 초등학교 4학년 신문배달을 시작으로 전단지 배포, 가스검침, 우체국 소포 배달 등을 하며 용돈을 벌었고 성적도 상위권을 유지할 수 있도록 해 준 원동력이었습니다.

또한 중학교때부터 시작된 컴퓨터와의 인연으로 고등학교 재학 중 정보기술동아리인 'ICT(Information Communication Technology)' 회장으로 추천되었습니다. 활동 중 ○○○프로젝트를 성공적으로 추진해, 2003년에 대구광역시교육청에서 진행한 '2003 컴퓨터 꿈나무'에 선정되어 교육감 표창을 받았습니다.

이때부터 저의 모든 사고는 컴퓨터에 맞춰지게 되었습니다.

베스트 사례 2

저는 ○○○○은행의 ○○○을 삶 속에서 배우며 성장했습니다!

'정직.' 5살 때 현재 살고 있는 대전광역시 ○○구 ○○으로 이사를 왔습니다. 22년간 한 동네에 살면서 여러 친구들과 좋은 관계를 유지할 수 있었던 것은 친구들에게 항상 정직했기 때문입니다. 정직을 바탕으로 할 때 인간관계가 탄탄해진 다는 것을 배우며 학창시절을 보냈고, 서로에게 정직할 때 신뢰가 생긴다는 것을 배웠습니다.

'친절.' 중학교에 입학하기 전까지 두 누나와 함께 방을 쓰면서 자랐습니다. 그러면서 자연스레 남을 배려하며 생활하는 법을 배웠습니다. 또 남의 이야기에 귀를 기울이며 대화하는 법을 배웠습니다. 이러한 성격으로 인해 주변사람들로부터 '친절한 ○○씨'라는 별명을 들을 수 있었습니다.

'신속.' 훈련소 조교로 군 생활을 했습니다. 300여 명의 많은 훈련병들을 올바르게 지휘·통솔하기 위해 신속한 상황판단과 빠른 의사결정이 요구되는 보직이었습니다. 2년의 군 생활 동안 익힌 신속한 상황판단과 빠른 의사결정능력은 사회에 나와서도 동아리나 봉사활동 시 저를 훌륭한 리더로 만들어 주었습니다.

'정확.' 대학교에 입학한 후 아버지의 유통 사업을 도와드리며 용돈을 받았습니다. 업무 처리 시 숫자 하나의 실수가 일에 얼마나 큰 영향을 끼치는지 배울 수 있었고, 내가 정확하게 일을 처리해야 다음 사람도 원활하게 일을 수행할 수 있다는 것을 배웠습니다.

Key Point 성장과정에서 강조해야 할 포인트는 바로 현재의 가치관이 형성되게 된 배경과 과정을 가능한 인상적으로 구성해 작성하는 것이다. 즉, 누구나 자신의 성장과정이 '좋다'라고 밝힐 것이 분명하기 때문에 좀 더 자신의 올바른 가치관과 인성이 형성된 계기가 분명하다면 면접관은 "아! 이래서 이런 가치관을 가지게 되었구나"하고 신뢰를 갖는 것이다. 두 번째는 자신의 성장과정을 통해 나타난 가치관과 기업에서 원하는 가치관, 즉 지원하는 기업의 기업문화와 맞아야 한다. 본인의 가치관과 인성이 형성되게 된 계기를 찾아 이를 인상 깊게 나타낼 수 있어야 한다.

성장과정에 포함되어야 할 내용

- 가치관 형성 계기
- 인성 형성 계기
- 가풍, 생활신조
- 고난 극복 사례
- 부모님으로 받은 영향
- 희망한 업무와 관련해 준비한 사항
- 본인만의 남다른 경쟁력 또는 차별화 사항

● 성격

성격 역시 기업이 원하는 가치역량과 해당 직무에서 원하는 직무역량을 함께 볼 것이다. 그런데 지원자들이 가장 많이 하는 실수가 본인의 성격을 말하는 항목에서 추상적이고 좋은 말만 늘어 놓는다는 것이다. "저는 매우 긍정적입니다", "저는 대인관계가 좋습니다", "사람들이 저를 매우 좋아합니다", "저는 적극적입니다" 등 실체가 없는 주장을 하는 경우가 대부분이다.

그렇다 보니 지면만 낭비하고 정작 면접관을 만족시키지 못하게 된다. 기업에서 '성격'이라는 항목에서 평가하고자 하는 것은, 기업의 가치에 대한 부분과 입사 후 특정 직무를 수행하는 데 필요한 성격적 특성(태도)을 갖추고 있는지다. 따라서 자신의 장점을 주장만하지 말고 구체적인 사례를 통해 성격의 장점을 표현할 수 있어야 한다.

단점에 대해서도 가능한 솔직하게 공개하는 것이 좋다. 단점에 대해 솔직하게 공개하되, 자신의 단점을 필요 이상으로 부각시키거나 장점보다 단점을 먼저 기술하는 경우도 피해야 한다. 그리고 단점에 대해서는 본인이 단점을 분명하게 인식하고 단점을 줄이기 위해 어떤 노력을 하고 있으며, 그러한 노력을 통해 얼마나 개선해 왔는지도 기록하면 된다.

워스트 사례 1

일단 제 성격의 단점부터 말씀 드리자면 대범하지 못하다는 것입니다. 별일 아닌 것에도 신경이 쓰이고 사소한 일도 쉽게 잊지 못하는 저의 성격은 큰 결단을 내려야 하는 순간에 망설이다 일을 그르치는 것으로 작용하곤 합니다.

실제로 증권사로 진로를 선택했을 때, 그동안 해왔던 공부(건축)와 앞으로 하고 싶은 일(증권) 사이에서 많은 갈등을 느끼며 망설인 적도 있습니다. '선택과 집중'이라는 생각에 굳게 마음을 먹기 전까지 이러한 상태는 계속되었습니다.

하지만 이러한 제 성격은 다른 각도에서 보면 세심함과 꼼꼼함이라는 장점으로 바뀌어 남들은 미처 보지 못하는 부분을 놓치지 않게 함으로써 좀 더 치밀하게 계획을 짜는 데 도움이 됩니다.

워스트 사례 2

저의 단점은 하나의 일에 빠지면 그 한 가지 일만 바라보며 다른 일을 소홀히 한다는 것입니다. 하지만 저의 단점을 알고 단점을 장점으로 바꾸고 있습니다. 저의 장점은 무슨 일을 하던지 최선을 다한다는 것입니다. 일을 맡았을 때에는 대충이라는 생각은 전혀 없이 완벽하기 위해 최선의 노력을 합니다. 만약 회사에 취직해 단점과 장점을 합해 제 자신의 맡은 임무에 빠져 완벽하게 일을 처리할 수 있는 능력을 만들겠습니다.

베스트 사례 1

정직은 나의 최고 무기

대학교 3학년 때였습니다. 학기를 마치고 성적확인기간에 성적을 확인했더니 예상했던 성적보다 낮게 나와 있었습니다. 출석도 잘했고, 과제도 충실했고, 시험도 잘 쳤다고 생각했기 때문에 뭔가 잘못됐다는 생각이 들었습니다.

교수님께 찾아가 사정을 말씀 드렸더니 결석이 한 번 있어서 어쩔 수 없이 그렇게 되었다고 하셨습니다. 저는 결석을 한 기억이 없었기 때문에 결석한 적이 없다고 말씀 드렸고 저의 이야기를 들으신 교수님은 결국 성적을 변경해주셨습니다. 그리고 집에 돌아와서 우연치 않게 그 학기의 스케줄러를 확인해 보았습니다. 알고 보니 결석을 한 적이 표시되어 있었습니다. 그 상황에서 저는 어떻게 할까 고민이 되었습니다.

그대로 있으면 성적이 잘 나올 것을 알았지만 다시 말씀 드리지 않으면 평생 제 마음에 남을 것 같아 바로 교수님께 찾아가 말씀을 드렸습니다. 교수님은 그 말을 듣고 알았다고 하시며 "네가 정직하게 말해준 것으로 충분히 그 가치가 있다"고 말씀해 주셨고, 성적도 그대로 유지되었습니다.

이 경험을 통해 정직이 최선이라는 것을 깨닫게 되었습니다. 단점으로는 의욕이 앞서 서두르는 경향이 있습니다. 몇 년 전부터 이를 보완하기 위해 매일 아침 수첩에 그날 할 일을 꼼꼼하게 기록하고 잠자리에 들기 전 확인하는 습관을 통해 이를 개선 및 보완하고 있습니다.

베스트 사례 2

성실함

　다양한 직종의 아르바이트로 저의 삶의 틀을 도자기 같이 매끄럽고 유연하게 만들어 가고 있습니다. 그 속에서 저는 많은 것을 배웠지만 성실함이 가장 중요하다는 것을 깨달았습니다. 그래서 지금도 저의 철칙으로 무엇인가 함에 있어 꾸준히 성실히 수행하면 언제가 보답이 온다는 것을 느끼고 있습니다.

　삶을 이루어 나가기 위해 지금도 하루에 30분씩 꾸준하게 제 삶을 풍요롭게 하기 위해 전공 관련 동아리활동 외에도 취미로 밴드활동 및 독서, 오토바이, 영어회화, 한국어동아리 같은 언제나 가능성을 열어주는 활동을 해오고 있습니다. 이런 성실함은 저에게 작은 기쁨과 보람을 안겨줍니다. 행복바이러스는 주변 사람들에게도 전파될 수 있는 것이라 굳게 믿고 있습니다. 이런 성실함으로 폭넓은 가능성은 둔다는 것은 삶의 비전에 대한 도전입니다.

추진력

　여러 동아리에서 회장 및 다른 직책들을 맡으면서 구성원 간의 토론이 많았었습니다. 그러한 토론 중에서도 다수결의 원칙이 아닌 각자의 다른 의견에 한쪽으로 치우치지 않고 냉정한 판단을 내려 최적의 결론을 도출해 내도록 잘 조율했습니다. 결론에 다다르면 신속하고 빠른 추진력으로 진행했습니다. 모든 일에 있어 계획만 있으면 아무것도 이루어지지 않다는 법칙을 습관으로 만들었기 때문입니다. 그러한 추진력이 어쩌면 잘못된 결론으로 안 좋은 결과를 초래한 적도 있을 수 있다는 단점이 있습니다.

   하지만 현명한 사람들과의 대화를 통해서 좋은 결론을 이끌어 낼 수 있을 것이란 확신에 저는 한순간의 망설임도 없이 실행해 나갈 수 있을 것이라 믿습니다. 삶이란 움직이지 않으면 아무 의미가 없기 때문입니다.

Key Point　성격에서 강조해야 할 포인트는 바로 자신의 장단점이다. 장점 중에서도 기업이 원하는 인재상이나 해당기업에서 특정 직무를 수행하는 데 필요한 직무역량 중심의 성격적 특성이 강조되면 더 높은 점수를 얻을 수 있을 것이다.

성격에 포함되어야 할 내용

- 성격의 장점
- 성격의 단점
- 성격의 장점을 나타내는 사례
- 단점을 보완하기 위해 하고 있는 노력 및 개선 정도

● 지원동기

   자기소개서에서 지원동기는 면접관들이 매우 궁금해 하는 항목인 만큼 중요하기도 하다. 그렇기 때문에 천편일률적인 지원동기에서 벗어날 수 있도록 해야 한다.

   먼저 지원동기에서 평가되는 항목은 앞에서 얘기한 회사에 대한 관심과 열의 부분이다. 여러분이 기업의 CEO나 간부라면 이 친구가 왜 수많은 회사 중에서

하필 우리회사에 지원했는지 궁금해 할 것이다.

이 점은 그 회사를 대표하는 면접관도 마찬가지다. 인사담당자는 지원자가 정말 우리회사에 관심이 있어서 온 건지, 아니면 마땅히 취업할 곳이 없어 지원한 것인지를 가려야 한다. 그리고 우리회사에 관심이 있어 지원했다면 어떤 준비를 했는지 궁금한 것이 당연하다. 하지만 정작 지원자들이 작성한 지원동기 대부분이 유사하다.

지원한 회사에 대한 입에 발린 칭찬을 늘어 놓거나 홈페이지나 언론에 비춰진 모습을 가지고 막연히 자신이 꿈꾸는 회사라는 것을 강조한다. 그리고 지원한 회사와 같이 성장·발전할 것이라고 이야기한다. 대부분의 지원자는 지원기업에 긍정적인 면을 강조하면서 평생을 함께 할 것처럼 표현한다. 그런데 문제는 거의 모든 지원자들이 비슷하게 표현하기 때문에 열의와 준비가 갖춰진 지원자도 차별화되지 못한다는 점이다. 기업에서는 그 이상을 원한다.

그 이상이란 다음 3가지를 보여줄 수 있는 지원자들이다.

회사를 선택하게 된 분명한 계기를 보여라

대부분의 지원자들은 자신이 지원한 기업을 좋아한다고 외친다. 자신이 지원한 기업의 성장가능성이 높다거나, 국내 최고의 기업이기 때문에 지원한다고 표현한다. 이런 진부한 표현보다 '내가 존경하는 선배가 이 회사에 근무하고 있다', '지원회사가 전에 경영위기에 처한 적이 있는데 그때 전 구성원이 똘똘 뭉쳐 위기를 헤쳐 나가는 것을 보고 큰 감명을 받았다', '성인이 된 이후 줄곧 지원회사 제품을 사용하고 있다. 학교에서 프로젝트를 할 때도 지원회사 제품을 주제로 선택할 정도로 좋아하고 관심을 가지고 있다. 입사 후에 더 훌륭한 제품을 만들어보고 싶다'는 등의 이 회사에 지원하는 본인만의 계기를 밝혀 준다면 더 큰 신뢰를 얻을 수 있을 것이다.

지원회사에 대한 차별화된 정보를 보여라

언론에 이미 자주 나왔거나 홈페이지에 나와 있는 내용만으로는 "아, 저 지원자가 정말 우리회사에 관심과 열의가 있구나"를 전부 증명할 수 없다. 진술한 기업을 분석하는 다양한 방법을 통해 정보를 수집한 다음 차별화된 내용을 입사지원서 '지원동기' 항목에 기술함으로써 기업에 대한 열의를 보여주는 것이다.

예를 들면 작년에는 어떤 경영방침이나 전략을 추구했으나 올해는 어떤 방향으로 가고 있다는 내용, 또는 환경 변화의 패러다임을 반영해 올해는 어떠한 상품을 주로 개발한다든지 하는 남들보다 한 단계 높은 고급정보를 제시한다면 분명히 서류전형에서 면접관의 눈을 사로잡을 수 있을 것이다.

자신이 지원한 직무를 수행하기 위해 어떤 준비를 했는지를 보여라

가장 중요한 대목이다. 앞에서 얘기했듯 채용에서는 예전과 달리 현재가치를 본다. 따라서 지원자가 보여주어야 할 것은 바로 내가 지원기업에 입사해 어느 정도 주어진 직무에 빨리 적응할 수 있는지를 보여주는 것이다.

그리고 주어진 업무에 빨리 적응하기 위해서는 그와 관련된 경험과 지식, 인턴, 프로젝트, 공모전 활동 등 실무능력을 보고 판단할 것이다. 이러한 현재가치를 입증할 준비가 되었는가? 바로 지원동기에 여러분들이 준비한 것들을 보여주어야 한다. 즉, "나는 지원한 직무를 수행하기 위해 이렇게 준비했다"는 것을 보여야 한다. 팀장이나 관리자 입장에서 보면 답은 더욱 명료해진다. 특정 직무를 수행하기 위해 준비되어 있는 사람이다. 기업의 관리자는 막연히 열심히 하겠다는 사람을 뽑지 않는다. 팀의 성과를 높이는 데 기여할 수 있는 사람을 뽑을 것이다.

워스트 사례 1

제가 대학교 4학년에 올라왔지만 대학에 입학하고 난 이후에 뭔가 필요한 것들을 제대로 준비해 놓은 게 거의 없습니다. 그래서 국내 대기업보다는 조금 낮게 보고 지방에 있는 좋은 기업으로 지원하게 된 것입니다. 물론 지방에 있는 기업이 대기업들보다 나쁘다고 생각하는 것은 아닙니다. 어디서든 열심히 한다면 아무 상관없이 자신이 이루고자 하는 바를 이룰 수 있다고 생각합니다.

워스트 사례 2

꿈이 없었던 그런 날들이 있었습니다. 제가 뭘 해야 할지 모르고 딱히 원하고 끌리는 일도 없었습니다. 사람을 만나는 것도 좋고 자료를 분석하는 것도 좋고 상대방에게 내가 알고 있는 무언가를 얘기하는 것도 좋았습니다. 저 나름대로의 방식으로 똑같은 일 처리를 뭔가 색다르게 처리하는 것도, 일에 열중해 일을 처리하는 것도 좋았습니다.

그렇게 하루하루를 보내다 보니 자연스럽게 이 일에 대한 직업적 선택을 하게 되었고, 지금 이렇게 그 회사에 들어가 일할 생각으로 앞날을 설계하고 있습니다. 어떠한 지원자들에게도 절박하지 않을 것은 없을 것입니다. 하지만 저 또한 그 모든 사람들과 견주어 봤을 때 절대 그 절박함이 모자라지 않습니다. 하지만 그렇게 구구절

절 쓰지 않는 이유는 조금은 색다른 방식으로 어필하는 모습이 필요하지 않을까라는 생각을 하게 되었고 담담하지만 진솔한 이야기를 하기로 했습니다.

베스트 사례 1

몇 년 전부터 관심을 가지고 지켜본 ○○○기업은 중계기 분야에서 1위는 아니지만 사람을 소중히 여기는 기업문화를 통해 구성원들이 일치단결해 영업이익 ○○○억 원을 달성했고, 특히 중계기 분야에 핵심기술개발을 위한 ○○○기술 개발 프로젝트를 6개 팀이 T.F를 구성해 추진하고 있는 것으로 알고 있습니다.

저는 ○○○사의 ○○직무에 기여하기 위해 IEEE 802.16e WiBro 중계기 신호 품질 검증을 위한 시뮬레이션 툴 제작 IEEE 802.16m MIMO-OFDM 채널 모델링 과제를 수행하며 MIMO-OFDM 시스템에 대한 이론적 지식을 쌓았습니다. 지금까지 과제와 논문연구를 수행하며 쌓은 4G 차세대 이동통신의 핵심기술 MIMO-OFDM 시스템 관련 지식을 ○○사에서 발휘하고자 지원합니다.

능력은 주어지는 것이 아니라 스스로의 노력에 의해 만들어간다는 생각을 가지고 지금까지 끊임없는 노력을 해왔습니다. 학과 수석졸업과 4회의 장학금은 4년간의 노력에 대한 작은 열매라고 생각합니다. 학교에서 연구한 내용과 실제 시스템에서의 차이만큼 제가 익혀야 할 부분 또한 엄청날 것이라 생각합니다. 쉽지 않겠지만 할 수 있다는 자신감을 가지고 몸으로 부딪치며 이겨내, 저에 대한 선택이 틀리지 않았음을 보여드리겠습니다.

베스트 사례 2

열정과 전문성을 가진 열린 마음!

평소 영업에 관심이 많던 저는 대학교 전공수업을 인적자원관리론, 마케팅, 광고론 등과 같은 수업을 선택해 왔습니다. 또한 대인관계의 원활한 의사소통을 위해 관련 교양수업을 듣기도 했습니다. 그동안 대학교 수업을 통해 관련 지식을 습득했고, 또한 다양한 경험을 해왔습니다. 이런 이유로 ○○백화점 영업관리 일에 적합하다고 생각했습니다. 그리고 저는 다음과 같은 역량을 가지고 맡은 분야에 최선을 다할 것입니다.

'열정'을 가지고 최선을 다하자!

대학교 고학년이 되면서 저는 투자동아리를 만들고자 했습니다. 무작정 달려들어 동아리를 만들고자 했지만 번번히 실패했습니다. 하지만 포기하지 않고 열정을 가지고 끊임없이 다시 도전한 결과 비로소 동아리를 만들 수 있었습니다. 만약 동아리에 대한 열정이 없었다면 동아리를 만들지 못했을 것입니다.

'전문성'을 위해 노력하자!

저는 제가 맡은 분야에서 전문가가 되기 위해 맡은 업무를 대충하는 일이 없었습니다. 군대에서 계약업무를 할 때는 혼자 밤을 세워가며 계약서류를 작성했고, 학업에서는 성적장학금을 여러 번 수상했으며, 리서치회사에 다닐 때는 업무속도를 높이기 위해 직접 서식을 만들었습니다.

'열린 마음'으로 사고하자!

항상 열린 마음으로 매사에 할 수 있다는 생각을 가지고 있습니다. 그렇기 때문에 친구들은 저에게 먼저 다가와서 상담 및 도움을 요청합니다. 이에 '○○백화점'에 대한 '열정'과 '전문성'을 가지고 '열린 마음'으로 매사에 임하겠습니다.

지원동기는 매우 중요한 항목이다. 면접관들은 수많은 회사 중에서 어떤 이유로 굳이 우리회사를 지원했는지를 알고 싶어하며 또한 이를 통해 얼마나 준비된 인재인지를 파악하고자 한다.

지원동기에 포함되어야 할 내용

● 회사를 지원하게 된 뚜렷한 동기

● 지원한 회사에 대한 차별화 정보

● 지원 분야의 직무수행을 위해 준비한 것(다양한 활동)

● 희망직무

희망직무도 지원동기 못지 않게 중요하다. 또 최근에 와서 더욱 중요시되고 있는 부분이다. 희망직무에서는 지원자의 직무에 대한 적합성과 선호도 및 흥미를 보고자 한다. 따라서 본인이 직무에 대해 얼마나 잘 맞고, 특히 흥미를 가지고 있는지를 적절하게 표현하는 것이 중요하다.

이는 서류전형 뿐 아니라 면접에서 흔히 나오는 질문이기도 하다. 옛말에 '평안감사도 저 싫으면 그만이다'는 속담이 있다. 이는 아무리 좋은 일도 저 하기 싫으면 억지로 시킬 수 없다는 말이다. 특히 좋고 싫음이 분명한 현대인들의 특성과 적성을 중요하게 생각하는 사회적 분위기를 볼 때 직업에 대한 적성과 흥미는 특히 중요하다. 채용 과정에서 이 부분이 갈수록 중요해지고 있다. 따라서 희망직무에서는 지원자가 희망직무에 대해 얼마나 흥미를 가지고 있는지를 분명하게 설명할 수 있어야 한다. 더불어 본인이 선택한 직무에 얼마나 열정을 쏟았는지에 대한 경험을 구체적으로 기술해야 한다. 예를 들면 학부 시절 희망하는 직무와 관련된 프로젝트를 수행하면서 몰입한 사례를 스토리텔링 형식으로 기술한다면 좋은 평가를 얻을 수 있다.

평생직업(직무급제) 시대에는 부서 선택도 중요하다

평생직장 시대에는 연공서열 및 급여체계가 똑같기 때문에 관리부서를 선호했지만 평생직업 시대에는 직무가치에 따라서 급여 및 제반사항이 달라진다. 따라서 직무가치가 높은 직업을 선택하면 경력 관리에 도움된다.

제조 및 판매 기업의 경우 회사의 이익과 직접 관련이 있는 부서(영업 및 영업지원부서) 또는 전략 수립과 관련 있는 부서(경영기획실)등을 권장한다. 단지 적성 등을 고려해 부서 선택하라고 당부하고 싶다.

워스트 사례 1

저는 비록 학부에서 생명공학을 전공했지만 1학년 때부터 다양한 활동을 경험해왔습니다. 1학년 때는 사진에 심취해 전국을 돌아다닌 경험이 있고, 2학년 때는 경험 삼아 호프집과 주유소 아르바이트를 통해 고객을 응대하는 법을 배웠습니다. 또 3학년 때는 축구동아리에서 회장을 맡아 리더십을 키웠습니다.

따라서 저의 이런 다양한 경험을 활용해 어떤 업무를 맡겨도 잘 수행할 자신이 있습니다. 맡겨만 주시면 최선을 다해 업무를 수행하겠습니다.

인생 첫 수능시험에 실패한 이후 두 번째 도전으로 들어간 대학생활에서 새내기 때는 학교생활에 적응하느라 정신이 없었습니다. 2학년부터는 학과 전공대표 생활로 대학생활 패턴을 익히는 데 주력했습니다. 등록금을 제 손으로 내기 위해 쉴 틈 없이 아르바이트와 공부를 병행했습니다.

2학년 2학기부터는 봉사활동 단체에 들어가 실질적인 봉사활동을 즐기기도 했으며 무엇이든 체험하려 노력했습니다. 2학년이 들어가기 전 어부체험을 기획해 마음이 맞는 친구들과 큰 경험을 쌓게 되었고, 3학년부터 매달 모은 적금으로 학년 말에 유럽으로 여행을 떠나 경험해 보지 못한 세계를 눈으로 확인해 인생의 밑거름을 쌓는 기회를 잡았고 학년이 된 지금 제 미래를 위한 시간을 투자에 아낌없이 시간을 보내고 있습니다.

가장 즐기면서 일할 수 있는 분야

제가 이번에 지원한 분야는 S/W 애플리케이션(Application) 개발입니다. 이는 정보통신공학을 전공한 공학도로서 제가 가장 자신 있고, 또 즐기며 일할 수 있는 분야이기에 선택하게 되었습니다. 최근 Adode사의 flash와 포토샵 소프트웨어를 독학해 개인사업 규모의 홈페이지 제작 아르바이트를 5건 수행한 경험이 있습니다. 수업시간에 배운 이론적인 프로그래밍을 실전에 도입해 보며 큰 쾌감을 느낄 수 있었고, 졸업 프로젝트의 주제도 휴대폰 보안시스템으로 정해 진행하게 되었습니다.

아무리 큰 능력을 지니고 있어도 본인이 즐기지 않는 일을 하게 되면 발휘할 수 있는 능력은 50%도 되지 않는다고 생각합니다. 모바일 소프트웨어는 제가 항상 관심을 가지고 임해왔던 분야고, 최고의 결과를 낼 수 있다고 확신합니다.

그동안은 휴대폰을 사용해 보는 소비자의 입장에서 소비자들이 원하는 애플리케이션이 어떤 것인지를 알 수 있있습니다. 앞으로는 개발자의 입장에서 기존 경험을 십분 활용해 획기적인 애플리케이션 개발에 힘쓰도록 하겠습니다.

베스트 사례 2

지난 여름 ○○은행의 하계 인턴십에 참여했습니다. 금융전문가가 되기 위해 다양한 금융상품과 우리나라 금융시장에 대한 깊이 있는 이해는 필수적이라는 생각이 들었기 때문에 인턴십에 지원하게 되었습니다.

저는 대전 ○○지점에 배치 받아 기업분석 및 시황분석 자료를 만들고 매일 아침 영업회의 시간에 발표하는 일을 부여 받았습니다. 처음에는 부족한 면이 많아 지적을 많이 받기도 했습니다. 그러나 제 자신을 위해 공부한다는 생각으로 많은 노력을 했습니다. 수많은 전문가들의 자료를 읽고, 생각을 정리하는 연습을 했습니다.

또한 한 가지 현상에 대해 다양한 의견이 있지만 가장 타당한 견해를 찾고 그 근거들을 정리해서 발표하는 연습도 병행했습니다. 시간이 지나자 금융시장을 바라보는 눈이 한층 성장됨을 느낄 수 있었습니다. 어떠한 분야든지 소위 전문가라고 불리는 사람들은 그 분야를 위해 1만 시간의 노력을 했다고 합니다. 하루에 3시간씩 노력한다면 10년이 걸리는 시간입니다.

8주 동안 열정을 쏟아 노력했지만 아직도 많은 부분이 부족함을 느끼고 있습니다. 저는 앞으로도 지속적인 노력과 최선을 다하는 열정으로 10년 뒤 ○○○○은행을 대표하는 금융전문가가 되겠습니다.

Key Point 희망직무에서 파악하고자 하는 것은 얼마나 적성에 맞는지, 그리고 얼마나 좋아하고 몰입할 수 있는지를 보고자 함이다.

희망직무에 포함되어야 할 내용

- 희망직무를 선택하게 된 계기
- 본인이 얼마나 좋아하는 분야인지를 가능한 사례로 설명
- 과거 직무 관련 활동에서 시간가는 줄 모르고 몰입했던 경험

● 장래포부

기업에 따라 어떤 기업은 '입사 후 포부'로 어떤 기업은 '5년 또는 10년 후 목표'로 작성란을 두기도 한다. 이 부분은 입사 후 회사와 비전을 같이 할 인재인지, 그리고 지원직무와 연계된 목표와 비전이 뚜렷한지를 알기 위함이다. 또한 입사서류에서 작성된 부분이 면접에서 이어질 수 있는 부분이므로 본인 스스로 이 부분에 대해 정립되어 있어야 한다. 단순히 작성란이 있으니 누군가에게 보이기 위해 적는 것이 아니라 실제로 2~3년 단위로 뚜렷한 비전과 목표를 세워 놓아야 한다는 뜻이다.

지원자들의 실수 하나가 입사 후 포부 혹은 목표에 대해 '어떤 수준이 되겠다'가 아닌 '특정 직위까지 오르겠다'인데 이는 바람직하지 않은 목표다. 취업한 후에

5년 혹은 10년 후에 어떤 직위까지 오르겠다고 자신의 포부를 밝히는 것은 현실성이 떨어지는 답변이다. 조직 내 상황이 자기 마음먹은 대로 되기도 힘들거니와 중요한 것은 직위가 아니라 자신이 어떤 실력을 갖추는가다. 그런데도 의외로 많은 지원자들이 '몇 년 후에 어떤 직위에 오르겠다'고 적는다.

그러므로 입사 후 포부와 비전을 밝힐 때는 항상 어느 수준을 얘기하는 것이 좋다. 예를 들면 "10년 후 목표는 제가 맡은 분야에서 경쟁사에 저와 동일한 업무를 하는 사람들보다 뛰어난 역량을 갖추는 것이 목표며, 좀 더 세부적으로 말하면 프로젝트 매니저가 되어 프로젝트를 훌륭하게 이끌 수 있도록 지식적인 측면에서는 평가, 임금관리, 선발도구를 잘 알고 조직개발 측면에서 국내 최고 수준의 전문가적 지식을 갖추고 노무사 자격 취득을 통해 누구에게도 뒤지지 않을 정도의 컨설팅 능력을 갖추는 것이 목표입니다"고 한다면 신뢰를 줄 수 있을 것이다.

입사 후 포부에서 또 하나 주의해야 할 사항은 입사 후 자신의 목표를 '대학원 진학'을 한다거나 직장생활을 '경험'이나 '자기계발' 기회로 활용하겠다는 사람이 있는데, 이는 너무나 순진하고 위험한 발상이다. 기업은 전쟁터를 방불케 할 정도로 치열한 경쟁이 존재하는 곳이며 언제나 성과를 내야 하는 곳이다. 자기계발을 통해 역량을 높이는 것은 당연하지만 목표 자체가 자기계발이나 대학원 진학 혹은 박사학위가 되어서는 안 될 것이다.

그런데도 간혹 공공연하게 이를 자기의 중요한 목표라고 말하는 지원자가 있는데 이는 대부분의 회사에서 감점요인이라는 것을 인식해야 한다. 물론 자기계발이 매우 중요하고 자신의 역량을 높이는 길이 결국 회사의 역량 향상으로 이어진다는 데 의심의 여지가 없다. 하지만 실제 지원자들과 함께 일할 팀장들은 그렇게 생각하지 않는 현실을 일깨워 주는 것이다.

워스트 사례 1

입사 후 저는 누구보다 잘할 자신이 있습니다. 그동안 준비한 것과 저의 열정이 합쳐진다면 누구보다 큰 성과를 올릴 것입니다. 저는 입사 후 해외에서 제 꿈을 펼치고자 하며 10년 이내에 임원으로 승진할 수 있다고 확신합니다. 어느 기업가는 이 세상에 불가능은 없다고 얘기한 바 있습니다. 그리고 성실하고 부지런히 일하는 사람을 이길 상대는 없습니다. 저는 제가 가진 열정과 실력을 바탕으로 성과를 창출해 이 회사의 CEO가 되고자 하는 원대한 꿈을 가지고 있습니다.

워스트 사례 2

저희 집안의 가훈(최선을 다하자)처럼 모든 일에 최선을 다해 제가 맡은 분야에 최고가 되어 많은 사람들에게 제 이름을 알리고 싶습니다. 또한 최고가 되어 많은 사람들에게 저의 지식과 정보를 나누어 주고 싶습니다

저는 모든 일을 기회라고 생각하며 살고 있습니다. 현재도 제가 젊고 배울 수 있는 과정이기 때문에 제 자신의 현재 위치도 제 인생의 기회라고 생각합니다. 언제나 기회는 쉽게 찾아오지 않는다는 것을 알고 있습니다. 젊다는 기회를 놓치고 싶지 않고 최선을 다해 제 자신에게 실망스러운 제가 되지 않을 것 입니다.

베스트 사례 1

대한민국을 대표하는 인사관리전문가 '○○○'

제가 10년 혹은 15년 후에 불리고 싶은 말입니다. ○○사는 현재 채용시스템만큼은 우리나라 최고 수준이라 할 수 있지만, ○○○○년에 새롭게 만들어진 MBO 평가제도는 제도의 취지와 다르게 향후 개선점을 안고 있다고 알고 있습니다. 물론 이 세상에 완벽한 평가제도는 존재하지 않는다는 사실도 알고 있습니다.

기회가 주어진다면 입사 후 3년 이내에 현재 시행하고 있는 MBO제도를 바탕으로 우리나라 문화와 ○○사에 적합한 평가제도로 정착될 수 있도록 할 계획입니다. 선배들에게 조언을 구해 승진가점제 시행을 검토하고 '기업구조개선작업'이 마무리되는 ○○○○년에는 현재의 기업문화를 더욱 발전시켜 ○○○○년 비전을 달성할 수 있도록 구성원을 효과적으로 동기부여하는 역할을 해보고 싶습니다.

베스트 사례 2

모두에게 행복을 주는 ○○백화점의 해피 바이러스

저는 ○○백화점의 녹색 전문가가 될 것입니다. 최근 경제와 환경의 조화와 균형성장을 위한 녹색성장이 우리나라 성장의 비전으로 떠오르고 있습니다. 백화점 업계의 선두주자인 ○○백화점에서는 현재 환경가치경영을 통해 녹색성장을 실천하고 있지만 아직은 많이 부족하다고 생각합니다. 녹색성장은 앞으로 지속 가능한 ○○백화점을 위해서 필요하다고 생각합니다. 녹색성장은 환경 보전뿐 아니라, 기업브랜드이미지 향상을 위한 마케팅이기도 합니다.

저는 ○○백화점 영업관리 분야에 합격한다면 녹색 ○○백화점을 만들 것입니다. 친환경 인테리어, 백화점 내 녹색휴양지 개설 등 녹색 ○○백화점을 위해서 대·

내외적으로 다양한 활동을 기획하고 실행할 것입니다. 이것이 ○○백화점의 모든 구성원이 나아갈 길이라고 생각했습니다.

건강하고 활기찬 녹색 ○○백화점을 만들어 이용고객을 비롯한 대한민국 모두에게 행복을 주는 ○○백화점의 해피 바이러스가 되겠습니다.

Key Point 입사 후 포부에서 중요한 것은 단순히 '열심히 하겠다', '최선을 다하겠다'가 아니라 구체적으로 무었을 어떻게 하겠다는 세부 계획을 제시하는 것이 좋다. 입사 후 포부는 최근 들어 중요도가 높아지고 면접에서도 질문 빈도가 많아지고 있는 추세다.

입사 후 포부에 포함되어야 할 내용

- '열심히 하겠다'는 의지
- 직무 관련 특정프로젝트 또는 어떤 일을 해보겠다는 연도별 세부적인 계획
- 지원한 직무와 관련된 개선해 보고 싶은 것

● 강점

만약 입사지원서 작성란에 '강점' 항목이 포함되어 있다면 이는 지원자가 지니고 있는 전반적 강점(역량)을 통해 인재상과 직무와의 일치를 보고자 함이다. 그러므로 '강점'란에서는 자신의 강점을 최대한 어필하되 가능한 그 회사가 추구하는 인재상과 직무역량을 보여주는 것이 필요하다. 거짓말을 하라는 것이 아니다.

예를 들면 "저의 강점은 매우 긍정적이다는 것입니다", "저의 적극적인 성격은 어떤 과제가 주어져도 달성할 수 있습니다," "저는 누구보다도 열정적으로 살아

왔습니다" 등등. 그런데 이런 추상적 표현들만 가지고 자신의 강점을 강조한다면 어떤 면접관도 인정하지 않을 것이다.

KT 정준수 인사담당 상무의 자기소개서 작성 시 조언을 들어보도록 하자.

Q 자기소개서 작성에서 유의할 점은?

A 열정, 신뢰, 고객지향 등의 키워드를 부여한 뒤, 지원자의 과거 경험을 쓰도록 하고 있다. 자신의 경험은 아주 구체적인 사례로 써야 하며, 자신이 가장 잘하는 것을 쓰는 게 좋다. 면접 때까지 질문이 이어질 수 있기 때문이다.

지방대 출신으로 체육학을 전공한 어떤 지원자는 자신이 골프를 잘 쳐서 지역 유지들을 많이 알고 있다고 썼다. 면접관들에게 썩 유리한 전공이 아니었지만 영업 부문 등에서 강점을 발휘할 여지가 보여 좋은 점수를 받았다."

워스트 사례 1

내가 아는 나는 재주가 별로 없다. 또한 재주를 믿지 않으며 재주 대신 성실을 앞세우는 편이다. 그래서 근면하나 둔감하고 정직하나 답답한 인간이라 할 수 있다. 특별한 장기도, 특기도 없다. 평범하나 성실하고 또 정직한 소시민들이 없으면 이 사회는 다 잘난 사람들의 차지가 되지 않겠는가? 그러나 나 같은 평범인이 있기 때문에 잘난 사람들이 돋보인다고 믿어 보면 나도 내 몫을 충분히 하고 있다는 생각이 든다.

워스트 사례 2

저는 사람들과의 어울림에 누구보다 뛰어나다고 할 수 없지만 만남에 있어서 또는 모르는 사람들과의 만남 자체를 두려워하지 않는 정도의 친화력은 있다고 생각합니다. 상대방을 편하게 해 원하는 대화를 하는 것에 익숙하며 내성적이기보단 외향적인 성격이 강하다고 말할 수 있습니다.

외향적인 사람이 꼼꼼하지 못할 수 있다 생각하지만 저의 경우는 일 처리에 있어서는 최대한 완벽하게 하려는 경향이 있어서 여러 번 검토하고 수정해 남들이 보기에도 문제없는 일처리를 하려는 생각을 갖고 매사 일을 하는 모습을 갖고 있습니다.

베스트 사례 1

3P(Pride, Passion, Pro 근성)

제 자신을 기꺼이 3P로 표현하고자 합니다. 그 이유는 첫째, 제가 선택한 전공분야에 대한 강한 신념을 가지고 있으며, 제 자신과 학교, 가족에 대한 강한 자긍심(Pride)을 가지고 있기 때문입니다. 이러한 자긍심의 결과는 2010년 전국 50여 개 팀이 참가한 자동차 설계 공모전에서 2위에 입상하는 성적으로 나타났습니다. 둘째, 분명한 목표를 수립하고 목표를 향해 노력하는 열정입니다. 이 열정을 통해 해외연수 1년, 자동차 설계 프로젝트 3회 진행을 통해 직무능력을 향상시켜왔습니다. 셋째, 절대 포기하지 않는 오기와 근성을 통해 전공 관련해 5개의 자격을 취득해 낸 프로(Pro) 근성으로 저의 강점을 설명하고 싶습니다. 감사합니다.

베스트 사례 2

저학년 때 전기·전자·통신 기초이론과목을 통해 IT기술의 기반을 수학하며 통신공학의 흥미로 심도 있는 공부를 위해 전공으로 선택했습니다. 전공과목은 이론과 실습을 겸비한 과정으로 비주얼 프로그래밍, 정보이론 과목을 통한 C언어 코딩을 통해 S/W 능력을 키우게 되었습니다. 네이터통신, 네트워크설계 과목은 CISCO NETWORKING ACADEMY와 연계한 수업진행으로 데이터 처리 장치 사이의 데이터 교환을 위한 구조적 원리와 특정 매카니즘 및 계층구조를 이해하며 ROUTER를 기본으로 한 HUB와 SWITCH로 연결된 네트워크를 직접설계하며 구조를 이해했습니다. 또한 통신이론, 초고주파, 안테나, 이동통신공학을 수학하며 가장 고도의 전송 방식과 복잡한 전파환경을 이용하는 무선통신을 배웠습니다.

재학하며 터득한 지식을 기반으로 PILOT PROJECT를 조장으로 이끌며 단지 합격여부가 아닌 회사에 실무라는 상황 하에 완수했습니다. 조원들과 제작과 디자인까지 머리를 맞대고 연구하면서 서로 의견충돌도 많았지만 동거동락하며 수차례에 Debugging 끝에 결과물을 보았을 때 그 감격은 이루 말할 수 없었습니다. 이를 통해 아이디어 도출 능력은 물론 임무분담과 협동성의 중요성, 현장 적응력을 향상 시켰으며 개인적으로는 프레젠테이션 능력을 키우게 되는 좋은 계기가 되었습니다.

Key Point 입사 후 나의 강점을 제대로 보여주기 위해서는 자신의 강점을 나타내는 키워드 다음에 반드시 구체적인 사례를 덧붙여야 한다. 그리고 가능한 본인의 강점을 지원하는 회사의 핵심가치 및 직무공통역량과 연결시킬 수 있어야 한다. 강점에서 겸손하게 표현한다는 이유로 자신을 일부러 낮출 필요는 없다. 가능한 자신의 강점을 최대한 부각시키도록 해야 한다.

강점에 포함되어야 할 내용

- 강점이 무엇인지 핵심키워드로 제시(창의력, 분석력, 실무능력 등)
- 키워드 다음에 구체적인 사례를 첨부할 것

자기소개서 작성원칙

● 구체적인 사례를 제시할 것

자기소개서 작성에서 아직도 많은 지원자들이 실체 없는 주장을 하고 있다. 하나 같이 "저는 열심히 살아왔습니다. 긍정적인 사고로 무슨 일이든지 할 수 있습니다"고 얘기하는 식이다. 과거에는 이런 방식이 통했을 수도 있다. 그러나 비슷한 주장을 하는 수많은 지원자들 중 어떤 사람의 글을 믿어줄 것인가?

"저는 대인관계가 원만합니다"라고 기술한다면 이것은 단순한 주장에 불과하다. 그러나 "저는 대인관계가 원만합니다. 이런 원만한 대인관계와 차별화된 고객만족 서비스를 통해 커피전문점에서 아르바이트를 할 때 하루 평균 손님이 30명에서 불과 2개월 만에 50명으로 증가시켰습니다"라고 구체적인 사례를 제시한다면 사실이 되는 것이다. 이처럼 구체적인 사례와 경험을 통해 자신을 표현하는 습관을 가져야 한다. 이는 면접에서도 마찬가지이다.

또한 사례를 제시하는 데 있어 가장 좋은 것은 지원직무 또는 전공과 관련된 사례다. 그러나 일반적으로 가장 먼저 나오는 것이 동아리활동이나 다이어트 성공 사례, 어떻게 인적 네트워크를 형성했나 등에 대한 성공담이다. 전공과 관련해서 내세울만한 활동이 없어서가 이유가 될 수도 있겠지만 본인이 학교생활을 하면서 전공과 관련된 활동에 몰입하기보다 다른 곳에 더 흥미를 느꼈다는 반증이기도 하다.

만약 진정으로 본인이 선택한 전공과 직무를 좋아했다면 여러 사람과 팀을 만들어 공모전에 도전하고 프로젝트를 진행하는 데 희열을 느꼈을 것이다. 그리고 그런 사람은 자연스럽게 전공 또는 직무와 관련된 활동들을 이야기할 것이다. 물론 특정 기업에 따라서는 전공에 몰입하기보다는 오히려 다양한 활동을 선호하는 기업도 존재한다. 하지만 대부분의 기업들은 현실적인 부분 즉, 지원자의 현재 가치를 집중적으로 본다.

그럼 어떻게 사례를 찾을까? 누구나 사례를 가지고 있음에도 불구하고 제대로 제시하지 못하는 이유는 무엇일까? 그것은 바로 과거에 대한 탐색이 부족하기 때문이다. 평소에는 고민하지 않다가 채용시즌이 되면 갑자기 자기소개를 쓰려고 하니 잘 될 리가 없다. 만약 여러분이 자신의 과거를 진지하게 탐색하고 성찰해 본다면 분명히 기대 이상의 효과를 거둘 수 있을 것이다.

과거를 탐색하고 기록하는 데 있어 중요한 점은 과거를 분석해 보고 성취한 사건을 정리한 다음 역량을 함께 정리해 보는 것이다. 성취 사례를 정리하면 본인이 어떤 역량을 가장 크게 발휘했는지를 알 수 있다. 이를 자기소개서 작성과 면접 과정에 연결시키는 것이다. 이렇게 과거를 정리하면 자기 자신이 어떤 강점을 가지고 있는지도 알 수 있고 또한 자신감도 생길 것이다.

따라서 반드시 자기탐색을 통해 과거를 분석하고 정리해야 하는 절차가 선행되어야 한다. 명심하자. 여러분들은 자기소개서에 넣을 사례가 없는 것이 아니라 아직 발견하지 못했을 뿐이다. 과거를 탐색해도 찾을 수 없다면 지금부터라도 경험을 통해 이를 쌓아 나가야 할 것이다.

Key Point 자기소개서나 면접에서 구체적인 사례는 아무리 강조해도 지나치지 않다. 사례가 풍부하면 풍부할수록, 인상적이면 인상적일수록 승률은 그만큼 높아질 것이다. 구체적인 사례가 있으면 사실이 되고 사례가 없으면 주장일 뿐이다. 그리고 사례는 직무(전공) 관련 사례, 최근의 사례일수록 가치가 높다.

● 장황하게 기술하지 말 것

자기소개서 작성 5원칙 중 2원칙은 '장황하게 기술하지 말 것'이다. 기업에서 인사담당자나 면접관들이 자기소개서를 읽은 시간을 평균 3분이내다. 물론 경우에 따라서는 입사지원서와 자기소개서를 꼼꼼하게 읽는 기업과 면접관도 드물게 있다. 그런 기업이나 면접관을 만난다면 행운이다. 대부분의 기업에서는 물리적으로 그럴 시간이 없는 것이 현실이다.

며칠 동안 많은 직원들을 동원해 자기소개서 읽는 데 시간을 보낼 수 없기 때문이다. 자기소개를 읽는 데는 한계가 있다. 그러므로 자기소개는 핵심적인 사항만 발췌해 간단명료하게 정리할 수 있어야 한다. 할 이야기가 많다고 항변하지 마라. 짧은 지면을 통해 여러분이 하고 싶은 내용을 요약하는 것 역시 중요한 능력이다.

일반적으로 기업의 대규모 프로젝트라 해서 제안서의 내용이 몇 백 페이지까지 가는 경우를 보았는가? 물론 경우에 따라서는 내용이 많아지는 경우도 있지만 상대방이 원하는 핵심적인 내용만 담으면 되는 것이다. 또 한 가지는 어떤 기업은 자기소개서 항목에 몇 자 이내라고 한정을 두는 경우가 있다.

예를 들면 '지원동기 800자 이내', '성장과정 1,500자 이내'라고 말이다. 이런 경우에 너무 글자 수가 적으면 성의 없는 것으로 오해 받을 수 있다. 그러나 굳이 다 채우려고 할 필요도 없다. 글자 수를 다 채워 내용이 지나치게 장황해진다면 70~80% 정도만 채우는 것이 현명한 방법이다. 글자 수를 다 채운다고 두서없이 장황하게 늘어 놓은 글을 담당자가 다 읽는다고 생각하면 오산이다. 가능한 간략하게 하고 싶은 내용을 작성하는 것이 좋다.

그리고 여러 가지 사례를 동시에 한 항목에 담으려기 보다 면접관을 만족시키는 1~3개의 사례를 잘 구성하는 것이 장황하지 않고 효과적으로 자신을 어필하는 좋은 방법이다. "그러나", "그리고" 같은 연결조사의 남발 없이도 논리적 전개가 되도록 하고 접속사가 많은 장황한 장문은 지양하는 것이 좋다.

Key Point 면접관은 지원자의 수많은 서류를 읽는 데 지쳐 있다. 따라서 꼭 필요한 내용을 핵심만 요약할 수 있어야 한다. 자기소개서를 가지고 국어실력을 평가하고자 하는 것이 아니다. 중요한 것은 항목별로 기업에서 보고자 하는 내용, 원하는 내용을 담고 있느냐 하는 것이다. 따라서 장황하게 작성하는 것보다 '자기소개서'에 보고자 하는 내용을 참조해 필요한 내용을 중심으로 간단명료하게 핵심을 기술하는 것이 중요하다.

● 자기비하나 자기연민은 금물

어떤 지원자는 서두부터 자신을 낮추는 것으로 시작한다. 예를 들면 "저는 특별히 잘하는 것도 없고 공부도 열심히 하지 않았습니다. 하지만 열정만큼은 누구보다 강합니다"라고 표현하는 식이다. 기업에 꼭 필요한 우수한 인재를 선발하는 임무를 가진 면접관 입장에서 대부분의 지원자가 '자신이 최고'라고 주장하는 자기소개서를 보다가 본인이 별 볼일 없는 사람으로 시작하는 자기소개서를 본다면 힘이 빠질 것이다.

그런데도 일부 지원자들은 자신을 낮추는 것이 겸손이라고 생각하는 것 같다. 자신을 낮추는 것은 겸손이 아니다. 비록 '준비한 것이 남들보다 부족하다'는 생각이 들더라도 자신감만큼은 충만해야 한다. 요즘은 조직 내에서도 당당하게 자기PR을 한다. 시대가 바뀌어 자신이 한 일을 상사가 생색이라도 내려고 하면 당당하게 따지고 드는 것이 요즘 세상이다. 마찬가지로 기업에서도 이런 당당한 인재를 원한다.

특히, 지원 과정에서는 자신의 강점을 잘 부각시켜야 하는 것이 중요하므로 불필요한 자기비하나 자기연민은 금물이다. 어떤 지원자는 자신이 어렵게 살아왔고, 계속된 불합격으로 심신이 지쳐있으며 이곳이 아니면 갈 데가 없으므로 꼭 뽑아달라는 지원자도 있다. 이른바 '눈물호소형'이다.

기업에서는 불합격을 많이 한 것에는 이유가 있다고 생각할 것이다. 따라서 자기연민보다는 과거의 불합격 경험에서 단점을 어떻게 보완해 왔는지 나타내는 것이 더 중요하다.

자기소개서에서 자신을 낮추기보다 자신의 숨겨진 강점이 무엇인지 찾아보고 또 찾아보도록 하자. 21세기에서는 자신을 낮추는 것이 겸손이 아니다. 지원 과정에서는 더더욱 그렇다. 당당하게 자신의 강점을 주장하는 것이 현명하다. 이 세상에 단점 없는 사람은 없다. 단지 크고 작고의 차이가 있을 뿐이다.

어설픈 자기연민보다는 그동안 불합격 경험을 통해 어떤 교훈을 얻었고, 치열한 노력을 통해 약점을 어떻게 보완해 왔는지 표현하는 것이 적절하다.

● 항상 결론부터 제시할 것

학교에서 정규수업을 받은 사람들의 가장 큰 특징은 글을 쓰는데 있어 '기(起)-승(承)-전(轉)-결(結)'의 전개방식을 선호한다는 점이다. 어쩌면 당연한 현상이다. 그렇게 훈련받았고 연습해 왔기 때문이다. 그런데 기(起)-승(承)-전(轉)-결(結) 방식은 언제나 결론이 가장 뒤에 나온다.

하지만 기업에 근무하는 면접관은 기-승-전-결보다 결론을 먼저 제시하는 것에 익숙해져 있다. 현대처럼 변화가 심하고 예측불가능한 시기에 서론과 본론을 다 듣고 힘이 다 빠진 다음에 결론을 듣는단 말인가. 지혜로운 지원자라면 본인이 가장 내세우고 싶은 것, 성과가 큰 것, 인상적인 것, 강조할 것, 즉 결론을 앞으로 보낸다.

그러면 면접관은 지원자의 가장 큰 성과를 먼저 볼 것이다. 비록 짧은 시간이지만 사람의 집중력은 뒤로 갈수록 떨어지기 마련이다. 하루를 놓고 보아도 아침에 가장 높은 집중력을 보인다. 책을 읽을 때도 책을 읽기 시작할 때가 가장 집중이 잘 된다. 수업시간에도 시작 시점이 높은 집중력을 보여준다. 뒤로 갈수록 몸이 꼬이기 시작하고 지루해진다.

그래서 뛰어난 강사들은 강의가 시작될 때 청중을 사로잡는 액션을 취해 주의를 집중시킨다. 그런데 시작 시점에 집중시키지 못하면 그 강의는 실패할 확률이 높은 것이다. 첫 부분에서 면접관의 시선을 사로잡지 못하면 뒤에 나오는 내용이 좋아도 휴지통으로 갈 확률이 높아지는 것이다.

Key Point 대부분의 지원자들은 입사서류에서 또는 면접에서 [두괄식(頭括式, 한 문단 안에서 주제문(중심문)이 문단 머리에 자리하며, 그 뒤로 주제문에 대(對)한 예증·부연·논증을 전개(展開)하는 문장(文章) 구성(構成) 방식)]으로 표현해야 한다는 사실을 알고 있다. 하지만 습관이란 무서운 것이어서 알면서도 잘 되지 않는다. 꼭 명심하자. '가장 강조해야 할 사항', 즉 '결론'을 앞으로 보내야 한다.

●헤드라인 타이틀을 넣을 것

국어사전에서 헤드라인의 정의를 보면 '신문·잡지 등의 표제(기사제목)'이라고 되어 있다. 그런데 왜 헤드라인을 넣어야 하는가? 우리가 신문을 볼 때 무엇을 보는가? 아마 내용부터 보는 사람은 없을 것이다.

항상 신문을 볼 때 헤드라인을 본다. 그리고 관심 있고 눈이 가는 헤드라인이 보이면 내용을 읽기 시작한다. 반면 헤드라인을 보고 특별히 인상적이지 않거나 필요가 없는 내용이면 그냥 지나친다. 그만큼 헤드라인은 그 내용을 읽을 것인지 그냥 지나갈 것인지를 결정하게 하는 중요한 요소이다.

지원자들이 자기소개서를 나름대로 성의 있게 작성하고 뿌듯해 하며 "면접관들이 내가 쓴 내용을 다 읽겠지" 생각한다면 오산이다. 면접관들에게 나의 강점을 알리기 위해서는 반드시 헤드라인을 삽입해야 한다. 기업에서 프레젠테이션이 많이 활용되고 있는데, 인사담당자도 여기에 익숙해져 있다. 따라서 이런 부분을 공략하라는 뜻이다.

헤드라인도 다음을 참고해 표현하는 것이 좋다.

메인 헤드라인 외에 필요 시 소 헤드라인을 넣어라

지원자들은 대체로 헤드라인을 하나만 넣는다. 그러나 경우에 따라서 기업마다 1,500자 이상 내용을 요구하는 경우나 내용이 길어질 경우에는 소 헤드라인을 추가로 삽입하는 것이 필요하다. 항목별로 헤드라인을 하나만 넣어야 한다는 원칙은 없다. 오히려 사례나 내용이 중간에 달라질 경우 단락을 나누고 사이에 소 헤드라인을 넣는 것이 효과적일 수 있다.

헤드라인은 본문 내용을 함축하고 있어야 한다

지원자들은 튀는 헤드라인을 생각하다 보니 문장은 멋지게 뽑아내는데 정작 내용을 들여다보면 제목과는 전혀 무관하게 내용이 전개되는 경우가 있다. 이런 경우는 오히려 자기소개 내용에 대한 신뢰를 떨어뜨릴 수 있다. 헤드라인은 본문의 내용을 함축하고 있어야 한다.

차별화된 헤드라인을 만들어 보자

헤드라인을 구성할 때 가능한 톡톡 튀는 제목을 정하자. 내용을 함축하고 있으면서도 면접관의 시선을 사로잡을 제목을 제시한다면 읽힐 가능성이 높다. 따라서 면접관의 시선을 끌 수 있도록 톡톡 튀는 제목을 고민해서 적는 것이 중요하다. 차별화된 제목을 위해서는 이미 많은 사람들이 알고 있는 명언을 흉내 내는 것보다는 자신이 창작하는 것이 좋다. 그래야 뒤에 나오는 내용을 함축하기에 용이하다.

만약 지원자의 순수한 아이디어로 차별화된 멋진 제목을 만들고 제목에 걸 맞는 내용을 기록한다면 충분히 좋은 평가를 받을 것이다. 물론 그 내용은 앞에서 이야기했듯 직무 중심, 지원회사의 가치 중심으로 작성해야 한다는 가정 하에서 말이다. 서류전형자는 중간에 묻혀 있는 것이 아니라 첫머리에 쓰여진 것을 가장 잘 기억한다. 자신 있는 것을 처음으로 끌어 내어 누구든지 잘 볼 수 있게 한다.

Key Point 면접관이 검토해야 할 서류가 많은 경우 헤드라인만을 볼 수도 있다. 헤드라인만을 보고 읽을 것인지 그냥 지나칠 것인지를 판단하는 경우가 많다. 그러므로 첫째, 헤드라인 작성 시 사례가 복수 이상일 경우 또는 중간에 상이한 내용으로 이어질 경우 소 헤드라인을 삽입하자. 둘째, 헤드라인은 본문 내용을 함축하고 있어야 한다. 셋째, 차별화된 헤드라인을 삽입해야 한다.

● 무성의한 자기소개서는 금물

아무리 첨부서류가 있고 증빙서류가 첨부된다 하더라도 기본적인 양식을 갖추고 제반사항을 요약해 기재하는 것은 필수다. 일반적으로 기업들은 자기소개서 항목별로 '몇 자 이내'라고 글자 수를 지정해 준다. 이때 700자 이내 또는 800자 이내라고 제한을 두게 되는데, 어떤 지원자는 50자 또는 100자 이내로 끝내는 경우가 있다. 이 경우 인사담당자는 지원자가 해당회사에 지원할 의사가 있는지 의심하게 된다. 이런 무성의한 지원자의 입사서류는 고민 없이 쓰레기로 처리된다.

서류전형 시 가장 중요한 1원칙이 있다 "아무리 좋은 대학 및 대단한 스펙을 갖추었더라도 입사하고자 하는 혼과 열의가 없으면 무조건 버려라"다. 이런 사람을 채용하면 오랫동안 근무하지 못한다는 것을 인사담당자는 잘 알고 있기 때문이다.

입사지원서에 지원한 회사이름 한 번 등장하지 않는 지원자! 이런 지원자는 분명 지원서 내용을 미리 만들어 놓고 여기 저기 지원하는 스타일이다. 이런 지원자에게 회사에 대한 애정이나 관심을 기대할 수 있을까? 이런 사람은 입사 후 조금만 어려움이 있어도 금방 실망하고 지쳐 회사를 그만 둘 수 있는 가능성이 농후한 사람이다. 그리고 처음에 회사이름 한 번 나오고 그 다음에 회사이름 나오지 않는 지원서, 귀사로 시작해서 귀사로 끝나는 지원서 역시 성의 없는 지원자의 대표적 사례 중 하나다.

● 채팅용어 사용 및 맞춤법을 조심할 것

"설마 입사서류에 채팅용어를 사용할까?"라고 생각하는 지원자가 있을까 하지만 간혹 정말 있다. 서류전형자들은 대부분 어느 정도 직장생활을 한 사람들이기 때문에 보수적이다. 더구나 인사담당자는 더욱 그럴 수 있다. 따라서 "ㅋㅋ", "ㅎㅎ", "쑥스" 등 채팅용어를 사용하는 것은 금물이다. 요즘 자기소개서를 읽다 보면 자기소개서인지, 웹사이트 자유게시판에 올리는 글인지 분간하기가 어려울 때가 있다.

"~했구여", "~하고", "있슴다" 등 어미를 통시 용어로 그대로 쓸 뿐 아니라, 어미 끝에 "……" 등 마침표 남발, 온갖 표정까지 실로 다양하다. 최고로 많이 쓰는데 최근 이모티콘 중 많이 사용한 것은 "^^", "*^^*"로 44.2%다. 이는 상당히 경박해 보일 수 있다.

입사지원서도 엄연히 공문서다. 따라서 약어, 속어, 유행하는 문구 또는 채팅용어는 절대 금물이다. 또 혹시 방언을 사용하지 않는지 점검해 가능한 표준어만을 구사하고 글을 쓰자. 가장 기본은 맞춤법이다.

"회사이름 오기(誤記)하는 지원자!!" 그 회사에서 평생을 일하겠다고 지원하는 사람이 회사이름을 잘못 표기하는 경우가 꽤 있다. 이런 경우 어떻게 해석해야 할까. 바이어에게 중요한 제안서를 보내는 경우에도 충분히 실수할 수 있는 사람이다. 또 앞 부분과 뒷 부분의 회사이름이 틀린 경우도 있다. 이 밖에도 지원한 회사의 경쟁사 제품을 지원한 회사의 제품이라 잘못 알고 입에 침이 마르도록 칭찬하는 경우도 있다.

어느 전문가가 쓴 글을 보니 '입사지원서에 오타가 있으면 끝'이라고 강하게 표현했다. 자기소개서는 입사를 위한 서류임을 잊어서는 안 되며 서류전형자는 수백, 수천 개의 서류 중에서 맞춤법도 제대로 지키지 않는 서류를 끝까지 읽을 여유가 없다. 꼼꼼하지 못한 덜렁거리는 성격으로 보이고 사무능력까지 의심 받을 수 있다.

따라서 실수하지 않도록 꼼꼼히 점검하는 과정이 반드시 필요하다. 내용이 좋으면 그만이지 겉포장이 뭐가 중요하냐고 불만을 표시하는 지원자가 있을지 모르겠다. 그러나 그 누구도 포장이 너덜너덜한 상품을 맛보고 싶은 생각을 하지 않을 것이다.

● 진부한 표현 및 당연한 말을 쓰지 말 것

문장의 첫머리부터 "저는…", "나는"이란 단어로 시작하는 것은 마치 일기의 첫머리에 "오늘…"이란 말로 시작하는 것과 똑같다. 자기소개서는 친구, 선배, 후배, 그 누구 것도 아닌 바로 자기 자신에 대한 소개서다. 이미 인사담당자도 알고 있는 사실로 이런 표현은 상투적이란 느낌만 준다.

성장과정에서 "저는 19○○년 ○월 ○○일에 태어나~~"로 시작하여 입사지원서에 이미 기재된 생년월일을 중복해서 소개서에 쓸 필요는 없다. "학생 때는 공부를 열심히 했습니다", "군대시절 군 복무를 충실히 했습니다", "친구들과는 의리 있게 지냈습니다", "우정이 깊습니다", "부모님께 효도를 하며 자랐습니다", "입사하면 열심히 하겠습니다" 등은 아무나 쓸 수 있는 당연한 말이다. 따라서 이는 차라리 쓰지 않는 게 낫다. 굳이 쓰고 싶다면 구체적으로 예를 들어 차별화 되게 표현하는 것이 좋다.

"창조적이며 도전적인 사람"이라는 단어보다는 창의적으로 만들어 낸 성과물 및 도전적인 일을 작성하면 된다.

입사지원서는 1차 관문을 통과하는 중요한 부분이다. 그리고 입사지원서는 기업에서 반영구적으로 보관하는 중요한 서류이므로 신중을 기해서 작성하도록 한다. 입사지원서를 충실하게 작성하는 것은 지원하는 기업에 대한 예의이자 자신을 나타내는 하나의 수단이다. 따라서 어떤 경우에도 성의 있게 작성한다.

자기소개 항목별 헤드라인 문구 사례

● 성장과정 헤드라인 문구 사례

끈끈한 가족애(愛) 편리한 쇼핑카트

190만 원을 투자해 230만 원으로 만들다

후회 없이 살자

"축" CAE 합격, 맞춤형 서비스 시대

악명 높은 개구쟁이 개과천선

5건의 미팅, 그리고 3건의 계약 체결

시련은 있어도 실패는 없다

부지런히 자신의 가치를 닦아 가면 빛을 발한다

밝고 활기찬 모습으로 매사에 도전적으로 임하는 ○○○

인형놀이보다는 은행놀이

웃을 수 있는 나는 누구보다 행복하다

보상은 노력의 산물

나의 별명 "윤부장"

○○○도 이름을 걸고 열심히 한번 뛰어 보고 싶습니다

"난 진공청소기야! 다 빨아들이니까"

알아서 척척척

농장 주인이 지어준 별명, 승부근성

내 생활비는 내가 번다

○년간 교수연수실 생활··· 인간적인 신뢰감이 있다

주변보다는 중심에 서는 사람

사물에 대한 관심, 통찰력. 별명 짓기가 취미, 각종 공모전 입상

브랜드 마케팅에 대한 지식. M&M프로그램과 동아리활동

그렇게 내가 쉽게 입사할 줄 알았나요?

저를 면접 보실 기회를 드리겠습니다

사장님을 면접에 초대합니다

위기는 기회다

조용하게 세상을 지배하는 힘, "10년 법칙"

생활신조는 등 돌린 신의는 회복하기 힘들다

사교성 많고, 센스 있는 막내!!

장녀로서 인생 다지기

나와 함께 성장한 일본어

● 본인의 장단점 및 성격장단점 헤드라인 문구 사례

한국 사람의 미소 너무 좋아요! 나의 고민을 들어주세요, 3초 열정

3,400권의 메모노트를 남긴 에디슨처럼

쓰러지지 않은 오뚝이, 흔들리는 줏대

He can do it, she can do it. Why not me?

지방선거에 나가라

배움에는 끝이 없다

맡은 일은 저승까지 가서라도 한다

자기관리를 위한 좋은 습관을 갖게 되었습니다

강단 있는 모습

시도 때도 없이 나서라

술자리 분위기는 내가 띄운다

독립은 강함을 만들어 낸다

결과로서 과정을 증명하라 누구에게나 안녕하세요! 하고 밝게 인사하는 일, 무엇을 도와 드릴까요?

순둥인 줄 알았는데 일할 때는 성깔 있더라

대학생으로서 특권을 누려라

비자금을 들고 떠난 생애 첫 배낭여행!

준비된 Great Staff

잊혀지는 사람보다는 기억되는 사람. 홍길동

될성싶은 나무는 떡잎부터 알아본다

따듯한 베풂은 가슴에 남는다

성실과 예의만이 성공의 길이다

"배움" 아니, "스스로 생각하는 것"이 가능한 ○○○

실제적인 능력을 갖추기 위한 과정

몸 빛깔을 자유롭게 바꾸는 카멜레온처럼

실력을 바탕으로 나오는 자신감

준비된 4년차 ○○인!

"피리 부는 사나이"를 만나다

○○대학교 ○○학과의 다크호스 "○○○"을 적극 추천합니다

사람의 마음을 움직이는 황금률의 소유자

주위까지 밝게 만드는 사람, ○○○

지덕체를 겸비하고자 하는 학구열과 건강함

한번 상실한 인간성은 회복하기 힘들다

● 지원동기 헤드라인 문구 사례

Good Listener=Good Leader

세계를 무대로 활동하는 전문가가 되자

세상은 멀티 플레이어(Multi-Player)를 원한다

4P: Passionate, Patient, Peaceable, Practical

진인사대천명(盡人事待天命), 진인사인천명(盡人事引天命)

Top5를 내 손으로

목마른 기업에 오아시스가 되자, ○○회사와 함께라면

일을 사랑하는 사람은 혼자 있어도 즐겁다

금을 쪼개준 ○○은행,

가치 있는 일을 하는 사람이 되자!!!

소비자의 동반자, 판매자의 지원자

자전거 전국일주: 자신을 시험하기 위한 도전

팀 동료들이 저를 ○○○이라고 합니다

경험은 소중한 재산이다

글로벌 마인드!

인생의 전환점, ○○○ 기다려라

준비된 인재, 경력 같은 신입

내 남자친구로 삼고 싶은 브랜드, ○○○○○

익살스런 장난꾸러기 M&M, 발 빠르고 멋진 중견 Lycos, 온화한 여성 느낌 ○○

남자친구 삼고 싶은 깔끔한 엘리트이 이미지 ○○ 그리고 ○○인

뉴욕의 타임 스퀘어(Times Square)에서 ○○ 광고를 보고 첫눈에 반하다

○○을 킹카로 만들고 싶다.

멋진 남자친구에 걸 맞는 여자친구, "○○○"이라는 브랜드

설령 후회할지라도 움직이지 않으면 어떤 것도 얻을 수 없다

명품인재 파격 세일

귀사에 저를 선물로 드립니다. 그냥 받으십시오

저에게 투자할 기회를 드리겠습니다

● 장래포부 헤드라인 문구 사례

입사 1년: 열심히 배우는 사원, 입사 5년 후: 잘하는 사원, 입사 10년 후: 인정받은 사원

세계를 변화시키고 편리를 도모하는 전문 엔지니어

어떤 일이든 먼저 실행해 본다

선두(仙묘)에서 선두(先頭)로!

만두! 크로켓 같은 사람

천재는 유한, 노력은 무한

목표는 성취하기 위해 있는 것

엔지니어는 몸을 아껴서는 안 된다

노력이 가져오는 기량 향상에는 한계가 없고, 다음 목표는 실현하기 위해 존재한다

도전하는 자가 성공한다

초지일관

미래는 일하는 사람의 것이다

역경에 부딪쳤을 때일수록 그 역경을 기반으로 더욱 힘을 발휘할 수 있다

○○회사는 저한테 꿈이었습니다

즐겁게 맨땅에 헤딩하라! 하늘이 열릴 것이다

나는 엠보싱 화장지 같은 사람

무점포 창업을 통해 배운 실전 영업

백지 명함을 가진 무한한 가능성의 청년

언행일치와 항상 새로운 이상의 추구

세계의 모든 다른 이들의 감각을 이해하라

생각만큼 되면 아무나 한다, 그러나 경험은 소중하다

세계인의 필수품

항상 생각하는 엔지니어, 침체된 소모임을 제2의 전성기로

타인과 다른 일을, 타인과 다르게 한다

내가 맡은 일은 결과를 만들어 내야 한다

팀 동료들이 저를 ○○○이라고 합니다

고객에 대한 관심이 가져 온 매출액 10~15% 신장

구르는 돌에는 이끼가 끼지 않는다

○○○의 명장님을 존경합니다

적극적이고 도전적인 글로벌 멀티플레이어(Global Multi-Player)

멋진 파트너가 되길 꿈꾸며

최선을 지향하라, 하지만 최악에도 대비하라

생방송 추적 10분

스스로에게 도전하라

한계에 부딪혀도 다른 시점에서 사물을 보라

좋은 포도주는 간판이 필요 없다

제품 아닌 마음을 파는 광고쟁이!

맨발로 뛰는 영업사원, ○○○

포기란 없다

○○○가 생각하는 영업인

○○○인으로의 노력

남들이 과거를 이야기 할 때 미래를 준비하는 인재가 있습니다

눈물로 일궈 낸 귀사를 피와 땀으로 지키겠습니다

오늘도 새벽 이슬을 맞았습니다. 한 걸음 앞서 걷는 것이 쉬운 일은 아닙니다

불을 당기십시오. 제가 기름을 붓겠습니다

고객감동의 실천자

경험-물류의 정의와 이상을 안다

실현-동북아 물류 비즈니스의 컨설팅 전문가

○○○는 기업의 모든 역량을 유비쿼터스시대에 맞춰 준비

● 기타항목 헤드라인 문구 사례

많은 사람들과 함께 하는 것이 즐겁습니다

기회는 준비하는 자의 몫!

인생에서 배움의 시작은 부모님이다

당신이 찾는 스마트형(21세기형) 인재! 진화하는 인재입니다

3인(人, 仁, 認)을 팝니다(셋트로!)

경쟁력 "웃음도 학습하자"

시각의 변화 "태도의 변화"

봉사 "자아의 발견"

발전 "ERP 시스템과의 만남"

서비스를 위해 태어난 인재

과거라는 이름의 '오늘'을 좋아합니다

미소로 사람을 대하며 행복한 사람이 될 것을 선택

시간은 곧 인생

준비하는, 준비된 인재

● 절대 쓰지 말아야 할 헤드라인 문구 사례

내가 없으면 회사가 망한다

저를 안 뽑으면 회사가 망합니다

해고 당하는 것은 두렵지 않습니다. 다만 인재를 알아볼 줄 모르는 세상이 두려울 뿐입니다

다른 회사 좋은 일 시키실 분은 아니시죠?

남들과 차별화된 이런 강점과 능력을 가진 저를 필요하시면 사십시오

입사지원서 접수요령

5

접수하기 전에 복사해서 보관하라

완성된 입사지원서는 반드시 취업전문가 또는 친구들에게 평가를 받아 보는 것이 좋다. 혹시 부족한 점이 없는지? 잘못된 부분이 없는지? 등을 세심히 살펴봐야 한다. 접수 전에 반드시 제출한 입사지원서를 복사해 보관해야 한다. 많은 회사를 지원하다 보면 어떤 내용으로 작성했는지 혼선을 방지하기 위함이다. 그리고 면접 전에 다시 한번 꼭 읽어야 한다. 면접관에게 엉뚱한 대답을 하는 불상사를 막을 수 있는 자신의 생각을 정리한 답변을 준비하는 데 도움이 된다.

가능한 빨리 접수하라

급하게 인재가 필요하면 마감일 전에 서류전형을 끝내는 회사가 있기 때문에 가능한 빨리 접수해야 한다. 온라인 접수의 경우 방문접수 또는 우편접수 때보다 훨씬 많은 사람이 몰린다. 입사 전형 초기에는 꼼꼼히 보던 서류전형자도 마감이 임박하면 자세히 검토할 시간이 없다.

"채용공고"의 제출서류를 순서대로 정리해 제출하라

모집공고의 제출서류 순서가 입사지원서, 자기소개서, 성적증명서, 졸업증명서, 자격증이라고 공지되었으면 발표 순서 그대로 정리해 접수하면 좋다. 왜냐하면 접수담당자는 다시 순서대로 확인하며 정리하기 때문이다. 가능한 증빙서류(자격증, 공모전, 참가증, 대회참가, 제반사진 등)도 같이 첨부해 제출하라.

대봉투로 발송하라

우편접수 할 때 입사지원서를 접어서 소봉투에 넣어 접수했을 때 바쁜 와중에 일일이 서류를 펴야 하고 정리해 놓았을 때 지저분하게 보인다. 바쁘고 짜증스런 상황에서 슬쩍 버리고 싶은 마음도 생긴다.

취업지원 부서 방문 및 취업 사이트 등록하기

대규모 공채가 아닌 소수의 인원을 수시·상시 채용할 경우 인사담당자는 대학 취업지원부서 및 취업 커뮤니티사이트를 자주 활용 및 방문할 수 밖에 없다. 소수 인원 때문에 별도 채용 공고가 곤란할 경우 인사담당자가 구직자 사이트에서 구인활동을 하거나 인근 대학에 추천의뢰서를 보내게 된다.

이때 취업지원팀에 자주 방문하는 사람에게 기회가 올 수 있으며, 취업 커뮤니티사이트에 등록한 사람이 구인회사 담당자에게 눈에 띄게 된다. 취업 커뮤니티사이트에 구인등록을 한 경우 매일 수정하면 매일 상단에서 노출되기 때문에 매우 유리하다. 취업 커뮤니티사이트에서 등록한 경우 다단계 판매, 기본급이 낮고 수당조건 근무, 부동산 컨설팅 등의 업체로부터 연락이 오는 경우가 최근 많이 늘어나고 있음에 주의해야 한다.

이메일 접수 요령

이메일 접수 시 "제목"을 꼭 만들어야 한다. '제목: 입사지원서'는 안 되며 '제목: 입사지원서(○○부 지원자 홍길동) 재송'이라고 작성해 제출해야 한다. 또한 첨부 파일의 저장명도 입사지원서(○○○부 지원자 홍길동)으로 하는 것이 좋다. 아무것도 아닌 것 같지만 인사업무를 경험하지 못한 사람은 이해하지 못할 것이다.

사진, 각종증명서(성적, 졸업, 경력 등) 스캔할 때 너무 크거나 작지 않게 해야 한다. 각종 증명서는 1MB이라, 사진은 100KB이면 좋으나 디지털 카메라로 스캔

하는 지양해야 한다. 또한 자격증이나 성적증명서 등 첨부파일을 요구하는 경우는 압축 없이 덧붙이도록 한다.

방문접수 주의 및 요령

요즘 방문접수를 요구하는 회사가 늘어나고 있다. 이는 접수만 하려는 뜻이 절대 아니고 접수하면서 1차 면접을 하겠다는 뜻이다. 면접 복장과 용모를 하고 차별화 입사지원서와 제반 증빙자료를 같이 지참해 접수가 한가한 시간을 선택해 가면 접수담당자와 많은 시간을 가질 수 있고 또한 좋은 결과를 얻을 수 있다.

면접

면접의 이해

면접이란?

● 면접의 중요성

면접(Interview)은 면접관과 지원자 간(Inter)의 서류가 아닌 직접 대면(View)을 통해서 지원자에게 어떤 문제에 대한 질문을 하고 지원자는 그에 대한 답변을

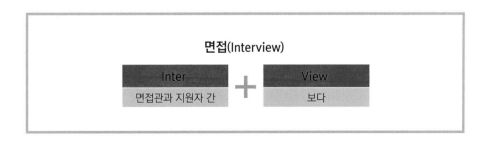

함으로써 지원자의 인품·언행·지식의 정도 등을 알아보기 위한 채용의 마지막 관문이다. 아무리 좋은 스펙을 가지고 있다고 해도 면접장에서 제대로 자신의 색깔을 피력하지 못하면 합격의 최종 문턱에서 떨어질 것이다. 때문에 취업을 준비하는 입장에서는 가장 어려운 것이 면접이라는 소리를 하곤 한다. 학교의 추천을 받거나 공모전에서 입상해서 서류전형이나 필기시험을 통과했다고 해도 면접에서 특혜를 주지는 않기 때문이다.

● 취업의 성공요인은 바로 면접

취업을 준비하면서 다른 어떤 전형보다도 면접 비중이 크기 때문에 취업 준비생들은 면접에 대한 심적 부담도 만만치 않다. 취업포털 잡코리아에서 설문조사

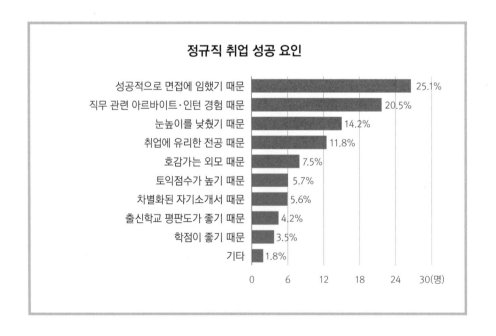

한 결과 2011년 정규직으로 취업한 대졸 구직자들은 성공적인 면접을 취업 성공 요인 1위로 꼽았다. 이어 직무 관련 아르바이트나 인턴 경험이 20.5%였다. 눈높이를 낮췄기 때문(14.2%), 취업에 유리한 전공 덕분에(11.8%), 호감이 가는 외모 덕분에(7.5%), 토익점수가 높기 때문에(5.7%) 등의 순이었다.

기업이 면접시험에 커다란 비중을 두는 이유는 일반적인 지식은 대부분의 수험생들이 갖추고 있을 것이라는 판단 하에 이들의 잠재력과 인간성에 더 많은 관심을 두고 있기 때문이다.

● 서류전형 & 면접의 차이

면접은 좋은 스펙을 가진 지원자를 뽑고자 하는 것이 아니라 지원자들이 무엇을 위해서 그런 스펙을 쌓아 왔는지를 보는 과정이다.

서류전형을 통과했다는 것은 어느 정도 기본적인 업무처리가 가능하다는 전제 하에 통과한 것이다. 따라서 면접에서는 기본적인 업무처리 이외에 지원

서류전형	면접
•지원자의 기본적인 자질 평가 •지원업무에 대한 기본적인 일 처리능력을 중심으로평가	•인성평가 및 조직 융화 •자기소개서에 쓴 내용을 바탕으로 사실관계를 검증하는 시간

자들의 잠재력과 인간성을 보고 싶어 한다. 어떤 강점을 가지고 있는지와 면접 시 지원자들의 반응과 대처능력 등을 통해서 얼마나 우리 조직과 잘 어울릴 수 있는 사람인지, 쉽게 그만두지 않고 성실하게 일할 수 있는 자세를 갖추고 있는 인재인지 등의 인성 중심의 평가하게 된다. 이러한 특성을 잘 파악해 자신이 가지고 있는 특성 중에서 지원회사와 업무에 도움이 될 수 있는 강점은 무엇인지를 설명해야만 면접관의 마음이 움직인다는 사실을 기억해야 한다.

따라서 면접에서는 설명이 아닌 설득의 기술이 필요하다.

	설명	설득
목적	상대방을 이해시키고 납득시키는일	상대방을 이해시켜 상대방의 마음을 움직이게 하는 것
연관성	강점을 어필해 설명하면 상대방을 설득시키기 쉽다	
차이점	설명서	강점

면접장에서 단순히 자신이 취업준비를 해 온 것에 대해서 설명하고자 한다면 면접관의 마음을 움직일 수 없다. 자신의 강점을 찾아서 설명해야 면접관의 마음을 움직일 수 있을 것이다.

예를 들어 핸드폰 매장에 스마트폰을 사러 갔는데 점원이 여러 종류의 스마트폰에 대해서 간단한 설명만 해준다면 어떤 것을 골라야 할지 모른다. 하지만 점원이 각 스마트폰에 대한 장단점을 말해 준다면 선택하기 한결 수월해진다.

이처럼 면접에서는 다른 지원자들과 차별화 될 수 있는 자신만의 강점을 적극적으로 표현해야 합격할 수 있다. 좋은 스펙을 가지고도 취업에 합격하지 못하는 이유는 자신의 강점을 면접장에서 제대로 표현하지 못했기 때문이다.

● 면접관과 면접자 간의 견해 차이

면접을 준비하면서 면접관의 의도를 제대로 알고 준비한다면 시간을 낭비하지도 않으면서 보다 효과적으로 면접에 임할 수 있다. 따라서 면접관과 지원자 사이에 어떠한 견해 차이가 있는지 알아보고 올바른 면접준비를 하는 것이 중요하다.

취업포털 인크루트가 면접 탈락 경험이 있는 신입구직자들을 대상으로 '본인이 면접에서 탈락한 가장 큰 이유는 무엇인가'에 대해 설문조사한 결과, 면접자들은 다음과 같이 답했다.

1위: 말주변이 부족하거나 잘못된 답을 해서(32.8%)

2위: 스펙이 부족해서(15.7%)

3위: 말투, 표정 등 태도가 자신감 없어 보여서(15.7%)

4위: 해당 업무에 대한 역량이 부족해 보여서(7.7%)

5위: 기업의 인재상과 맞지 않아서(6.4%)

6위: 외모적 문제(3.8%)

7위: 탈락한 이유를 잘 모르겠다(15.7%)

그렇다면 정말 면접관들도 면접에 탈락했던 지원자들과 같은 생각을 하고 있

을까? 이번엔 인크루트가 기업 인사담당자들을 대상으로 '면접에서 지원자를 탈락시키는 결정적 이유'에 대해서 설문조사한 결과,

구직자들이 가장 큰 탈락 이유로 꼽은 '말주변이 부족하거나 잘못한 답을 해서'는 9.7%밖에 안 된다. 면접 탈락 이유에 그리 큰 비중을 차지하지 못했다. 위에서도 보았듯 해당업무에 대한 역량이 부족해 보여서가 절반 이상을 차지했을 정도로 면접의 당락을 좌우하고 있었다.

1위: 해당 업무에 대한 역량이 부족해 보여서(53.8%)

2위: 기업의 인재상과 맞지 않아서(26.9%)

3위: 말주변이 부족하거나 잘못한 답을 해서(9.7%)

4위: 스펙이 부족해서(3.8%)

5위: 인성 및 기본적인 것들이 부족해서(1.6%)

6위: 연봉 등 조건이 맞지 않아서(1.6%)

7위: 외모적 문제(1.1%)

그럼에도 불구하고 지원자들은 자신의 면접 탈락 요인을 다른 곳에서 찾으려 한다. 사전에 면접 탈락 원인을 제대로 파악하고 준비한다면 다음 면접 때는 더 좋은 결과를 얻을 수가 있는데도 탈락의 원인을 알지 못하고 있다는 게 안타깝기만 하다.

면접에 탈락 되고 나서 그 원인 파악을 위해 어떤 노력을 했는가에 대한 질문

에서는 다음과 같은 답변이 있었다. 면접 자료를 다시 훑어보며 단점에 대해 생각해 보았다(40.9%)가 1위를 차지했다. 선배, 친구 등에게 면접 상황을 전하며 조언을 구했다(27.2%)가 2위, 별 다른 노력을 하지 않았다(26.8%)가 3위였다. 또한 회사에 전화해 탈락 원인을 물었다(2.6%)는 이들도 소수 있었다.

이처럼 아직도 지원자들의 면접에 대한 이해가 부족하다. 따라서 자신이 단점 뿐 아니라 면접에서 어필할 수 있는 장점을 찾는 것이 필요하며 또한, 지원기업이나 직무에 대한 사전 조사가 면접의 당락을 좌우한다는 것을 알고 면접을 준비해야 한다.

면접의 중요 포인트

인사담당자들끼리 모이면 가끔 하는 소리가 '요즘 지원자들은 스펙은 좋은데 뽑고 싶은 사람은 없다'는 말이다. 실제 면접장에는 수많은 지원자들이 들어오고 면접관들은 하루 종일 면접을 보지만 막상 기업이 원하는 열정적 인재를 찾아보기가 어렵다.

열정은 '어떤 일에 열렬한 애정을 가지고 열중하는 마음'을 말한다. 그러나 스펙은 높지만 열렬한 애정을 가지고 열중하는 마음을 보여주는 지원자는 그리 많지 않다.

기업은 열정적인 인재를 원한다. 실제 면접장에서 보여지는 열정적인 인재는 크게 세 가지로 구분이 된다.

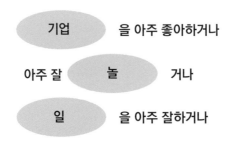

기업 을 아주 좋아하거나

아주 잘 놀 거나

일 을 아주 잘하거나

첫째, 기업에 대한 열정. 다른 지원자들에 비해 입사하고자 하는 의지와 기업에 대한 애정, 즉 관심도가 남다르다. 이는 누구나 알고 있는 기업에 대한 단순 정보를 말하는 것이 아니라 남다른 관심도를 갖은 사람만이 알 수 있는 것을 말하는 지원자들을 말한다. 현장에서 종종 면접관들이 지원자를 두고 '우리 직원보다 낫네~' 하는 말을 하는 경우가 있다. 물론 그 지원자는 면접에 합격했을 것이다.

둘째, 재미있는 인재. 잘 노는 인재가 일도 잘한다. 커리어에서 인사담당자들을 대상으로 채용 시 잘노는 인재를 선호하는 이유에 대해 설문조사를 한 결과 '대인관계가 좋을 것 같아서(69.1%)', '업무에서도 열정적이고 적극적으로 임할 것 같아서(67.4%)', '아이디어가 풍부할 것 같아서(30.9%)'의 순으로 나왔다.

사실 심리학에서 '재미'는 '창의'와 동의어다. 재미있는 인재가 창의적으로 일도 더 잘할 수 있기 때문에 최근 기업에서는 '펀(Fun)'한 인재를 선호한다. 웃음은 상대의 마음을 얻는데 가장 좋은 약이기도 하다.

살얼음판 같은 면접장에서 쫄지 않고 재치 있는 멘트 하나 날릴 수 있는 배짱과 감각이 있다면 그대는 이미 승자다! 상대의 호감을 사는 데 유머만큼 좋은 무

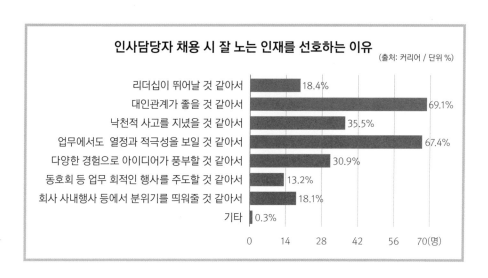

인사담당자 채용 시 잘 노는 인재를 선호하는 이유

(출처: 커리어 / 단위 %)

리더십이 뛰어날 것 같아서	18.4%
대인관계가 좋을 것 같아서	69.1%
낙천적 사고를 지녔을 것 같아서	35.5%
업무에서도 열정과 적극성을 보일 것 같아서	67.4%
다양한 경험으로 아이디어가 풍부할 것 같아서	30.9%
동호회 등 업무 회적인 행사를 주도할 것 같아서	13.2%
회사 사내행사 등에서 분위기를 띄워줄 것 같아서	18.1%
기타	0.3%

기가 없기 때문이다.

셋째, 직무에 대한 열정. 면접 합격자들을 보면 직무 관련 지식을 충분히 숙지하고 있으며 학창시절 지원업무와 관련된 경험 등을 통해서 신입이지만 경력 못지 않은 실력을 갖추고 있다. 스펙이 높다고 업무 능력이 뛰어난 것은 아니다.

그러나 합격자들은 고스펙을 갖추고 있지는 않아도 자신의 업무에 대해서만큼은 남다른 지식과 자신감을 가지고 있다. 면접장에서 남들이 다 가지고 있는 스펙을 자랑하는 것이 아니라 다른 지원자들이 해보지 못했던 경험이나 성공 사례 등을 통해서 최적의 인재임을 증명하는 지원자들을 말한다.

면접을 위한 사전준비 4단계

● 기업탐구: 기업정보 수집 체크박스 작성하기

적을 알고 나를 알면 백전백승, 상대를 알아야 시장에 나를 팔 수가 있다. 면접을 준비한다면 지원한 회사에 대한 조사와 분석은 가장 기본이다. 또한 실제 면접장에서 질문할 때 자기소개와 지원동기는 공통적으로 나온다. 이 둘을 뺀 나머지 질문 중에서 1위는 바로 기업 관련 질문들이다. 그 다음으로 직무 관련 질문 그리고 개인질문의 순으로 나타났다. 기업들이 가장 고민하는 것 중의 하나가 바

실습/연습

면접예상질문을 만들고 답변을 준비해 동영상으로 촬영하며 모의면접 실습+클리닉

면접횟수를 늘리기

자기탐구

학창시절을 되돌아 보고 학년별 또는 주요 활동으로 구분해 정리

회사나 직무 관련 연결고리를 찾아 강점을 스토리로 만들기

직무탐구

회사에서 요구하는 업무처리능력 및 직무파악 직업에 필요한 성격 파악

업종에 따른 직무가 어떻게 달라지는지 파악

회사탐구

회사 관련 정보를 홈페이지·뉴스 검색 등을 통해 수집·분석해 지원회사에 대한 남다른 관심도를 보여야 한다.

기업애정도 표현

1) 기업탐구: 기업정보수집 체크박스 작성하기
2) 직무탐구: 지원업무 파악 체크박스 작성하기
3) 자기탐구: 나만의 스토리 만들기
4) 사전연습: 셀프 모의면접 실습

로 조기퇴사다. 따라서 회사 관련 질문들을 통해서 얼마나 우리회사에 애정을 가지고 지원했는지를 테스트해 조기퇴사자를 걸러 내고자 하는 것이다. 사전에 지원회사에 대한 조사를 통해 면접질문에 망설임 없이 바로 대답할 수 있도록 준비해 회사에 대한 애정도를 표현해야 한다. 그러기 위해서는 기업 홈페이지에 들어가 보는 것은 기본이다. 그 외에도 최근 업계동향과 경쟁사 분석, 기업 관련 기사 검색 등을 통해 상세한 부분까지도 파악하고 있어야 유리하다.

■ 기업의 기본내용 파악

☐ 회사의 홈페이지에 들어가 봤다.

☐ 회사의 홈페이지 내용을 숙지했다.

☐ 회사의 네트워크를 안다(해외지사, 국내 영업소 등).

☐ 회사의 주요 상품·제품을 안다.

☐ 회사의 재계 순위 및 경쟁사를 안다.

☐ 회사의 최근 주식 시세를 안다.

☐ 회사의 업종현황과 트렌드를 안다.

■ 기업의 심층내용 파악

☐ 기업에서 쓰이는 용어들을 파악해 두었다.

☐ 사보를 읽고 기업문화를 파악해 두었다.

☐ 회사의 제품을 한 번이라도 사용해 보았다.

☐ 회사·제품에 대한 긍정적인 면과 개선해야 할 점을 정리해 두었다.

□ 회사와 관련해 언론에 보도된 최근 기사를 읽고 정리해 두었다.

□ 회사에 대한 남다른 애정을 표현할 수 있다.

■ 기업의 면접 유형 파악

□ 지원한 기업의 면접 유형을 파악했다.

□ 기존에 실시했던 면접 유형별 면접질문을 파악해 두었다.

□ 면접기출문제를 보고 면접 답변을 만들어 놓았다.

□ 임원면접 시 참여하는 임원진의 이름을 알고 있다.

□ 자신을 강점을 나타낼 수 있는 면접용 자기소개·PR을 작성해 두었다.

*자신이 한 활동에 V를 체크하세요

● **직무분석: 지원업무 파악 체크박스 작성하기**

직무에 대한 기본베이스가 있고 그 다음에 인성과 조직적응력이 존재하는 것이다. 특히 실무진면접(1차 면접)은 직무 중심으로 이뤄지기 때문에 지원기업에서 자신이 해야 할 업무에 대해서 구체적으로 이해하고 있어야 한다. 예를 들어 인사를 희망한다고 하더라도 사실상 인사파트 내에서도 세부적으로 채용, 복리후생, 교육 등 다양한 분야로 나누어지기 때문이다. 취업전략에서 소개되었던 직무분석 방법 등을 참고해서 다음 체크박스를 작성해 보자.

■ 직무의 기본내용 파악

☐ 지원업무가 무슨 일을 하는지 알고 있다.

☐ 지원업무에 필요한 자격증을 가지고 있다.

☐ 지원업무에 필요한 직업의 성격을 알고 있다.

☐ 지원업무에 필요한 지식을 알고 있다.

☐ 지원업무의 근무환경이 어떤지 알고 있다.

■ 직무의 심층내용 파악

☐ 직무 지원동기에 대해서 자신 있게 말할 수 있다.

☐ 자신의 전공이 직무에 어떠한 도움을 줄 수 있는지 알고 있다.

☐ 직무에 도움이 될 수 있는 학창시절 경험을 사례로 이야기할 수 있다.

☐ 지원업무와 관련해 자신의 강점을 자신 있게 어필할 수 있다.

☐ 입사 후 자신이 발휘할 수 있는 영역이 무엇인지 알고 있다.

■ 직무 관련 면접질문 파악

☐ 지원업무가 어느 부서에 속한 일인지 알고 있다.

☐ 직무에 자신이 최적의 인재라고 생각하는 이유를 말할 수 있다.

☐ 직무와 관련해 남들과 차별화될 수 있는 3가지를 말할 수 있다.

☐ 직무와 관련한 자신의 커리어패스를 알고 있다.

☐ 입사 후 직무에 도움을 줄 수 있는 자기계발 계획을 가지고 있다.

*자신이 한 활동에 V를 체크하세요

● 자기분석: 나만의 스토리 만들기

면접이란 면접관 앞에서 자신을 파는 행위다. 연대기식으로 자신을 설명하기보다는 자신의 강점을 나타낼 수 있는 사례를 통해 상대를 설득해야 한다.

자기탐구 체크박스 작성하기

□ 자신만의 성공스토리가 있다.

□ 직무 관련 사례가 있다.

□ 직무를 선택하게 된 계기가 뚜렷하게 있다.

□ 자신의 학교생활을 당당하게 말할 수 있다.

□ 남들이 자신을 뭐라고 평가하는지 알고 있다.

□ 남들과 차별화될 수 있는 능력과 성격 3가지를 들 수 있다.

□ 자신이 최적의 인재라고 생각하는 이유가 있다.

*자신이 한 활동에 V를 체크하세요

사례를 찾기 위한 활동사항 정리하기

사례를 들 수 있는 경험들을 찾아야 한다. 인턴, 자원봉사, 아르바이트, 연수 등 직무 관련 경험이 있는 것이 가장 중요하지만 반드시 직무 관련이 아니더라도 학창시절의 여러 경험들을 통해서 무언가를 느꼈고, 느낀 것이 지원한 업무에 어떻게 도움이 될 것인지를 어필하면 좋다. 실제 취업에 성공한 사람과 실패한 사람의 '취업 스펙'에는 큰 차이가 없다는 조사결과가 발표되기도 했다.

동아리활동	교내활동	교외활동

인턴/연수/아르바이트	자원봉사	해외연수/여행 등

실제 기업 입사지원 시 채용당락을 결정하는 요인으로 지원자의 실무경험과 인성이 중요한 것으로 나타났다. 잡코리아가 국내 거주 기업 787개사를 대상으로 조사한 결과, '채용 당락을 가장 많이 좌우하는 요소(복수응답)'에 대해서는 대부분의 기업이 지원자의 인성(69.1%)과 실무능력(62.9%)에 높은 비중을 두고 있었다. 인사담당자들은 토익점수보다는 다양한 실무 경험을 갖춘 지원자에게 가장 큰 점수를 준다는 것을 기억하자.

따라서 자신이 활동했던 사항을 다시 정리할 필요가 있다. 자신의 학창시절 활동사항들을 되돌아봄으로써 보다 많은 사례들을 발견할 수가 있다. 대학입학 시절부터 현재까지 자신이 찍었던 사진들이나 미니홈피에 올려 놓았던 사진들을 보면서 표에 맞추어서 활동 일시와 장소, 활동 내용 등을 간단하게 정리한다.

나만의 스토리 만들기

활동사항을 중에서 자신의 능력과 성격을 사례로 들어서 지원하는 업무에 연결시켜야 한다. 아무리 좋은 성격도 업무에 도움이 되지 않는 성격이라면 회사에서는 별 관심이 없다. 자신의 여러 가지 성격 중 직업의 성격을 파악해 업무처리 시 도움이 되는 성격을 자신이 가지고 있다고 표현하는 게 더 좋다.

구체적인 예를 사용해 보유 능력/성격의 장점 설명하기

예를 들면: 보유 능력/성격의 장점: "나는 매우 성실하다"

(1) 구체적인 사항(언제, 어디서, 무엇을, 어떻게)
"지난 여름 연합유통사에서 아르바이트로 근무한 적이 있었습니다. 당시 상사가 병원에 입원하게 되어 저는 상사가 돌아올 때까지 두 달 동안 고객을 관리하는 책임을 맡았습니다. 저는 아르바이트생이었지만 가장 먼저 출근하고 가장 늦게 퇴근하면서 모든 주문을 두 번씩 점검했으며, 매주 단위로 각 고객에게 확인 전화를 걸었습니다."

(2) 결과(보유 능력/성격 장점 때문에 일어난 좋은 일)

"그 기간 동안, 고객들은 결코 어떤 지연이나 불편함을 경험하지 않았으며, 상사는 제가 자발적으로 그 직무를 수행하는 것을 보고 회사에 계속 남아 주기를 원했습니다."

(3) 지원 직무와의 연결

"저의 이런 성실성이 귀사의 고객 서비스를 한층 더 업그레이드시켜 고객들에게 좋은 평판을 가져다 줄 것이라 믿습니다."

아래에 나타난 '구체적 예' 양식에 따라서 스스로의 보유 능력/성격의 장점을 설명해 보자.

구체적인 예 실습하기

보유 능력/성격의 장점:

(1) 구체적인 사항(언제, 어디서, 무엇을, 어떻게)

_____

_____

_____

(2) 결과(보유능력/성격의 장점 때문에 일어난 좋은 일)

_____

_____

(3) 지원 직무와의 연결

_____

_____

● 사전연습: 셀프 모의면접 실시

모의면접을 통해서 실제로 면접장에서 이루어지는 면접 상황을 연출해 면접 시 본인의 단점과 장점이 무엇인지 파악해서 보완한다면 실제 면접장에서 더 자신있는 모습을 보여줄 수 있다.

사전연습 체크박스 작성하기

□ 자기소개를 당당하게 잘 말했다.

□ 회사지원동기 및 직무지원동기를 잘 전달했다.

□ 질문의 의도를 정확하게 파악해 올바른 답을 했다.

□ 간단 명료하게 결론부터 답변했다.

□ 답이 있는 질문은 아는 만큼 최선을 다해서 대답했다.

□ 기분 나쁜 질문에 흥분하지 않고 잘 대처했다.

□ 끝까지 최선을 다하는 모습을 보여주었다.

□ '말하기'와 '듣기'의 균형을 적당히 유지했다.

□ 답변 시 면접관과 시선처리가 제대로 이루어졌다.

□ 바른 자세, 밝은 표정으로 답변했다.

□ 솔직하고 어색하지 않게 자연스럽게 답했다.

□ 회사에 맞는 복장 및 스타일을 갖추었다.

□ 면접 시 제스처를 적절히 활용했다.

*자신이 한 활동에 V를 체크하세요

사전연습의 중요성

스펙이 좋으면 무조건 취업할 것 같지만 취업한 사람과 취업하지 못한 사람을 비교한 결과 스펙에는 그다지 큰 차이점을 발견하지 못했다. 학점, 자격증, 어학점수 등 별다른 차이점이 없었지만 취업 당락에 있어서 가장 큰 차이를 보인 것은 바로 면접 횟수였다. 취업하고 싶은 마음이 간절할수록 더욱 긴장하기 마련이다. 그러다 보면 떨게 되고 실수를 부를 수밖에 없다. 따라서 면접 상황이 익숙해 질 수 있도록 연습하는 방법이 최선책이라고 할 수 있다.

취업 졸업생 vs 미취업 졸업생 평균 스펙 비교

구분	취업 졸업생	미취업 졸업생
학점	3.5	3.5
자격증 수	2.1개	2.1개
어학연수 경험	25.2%	24.8%
인턴 경험	22.8%	16.0%
토익점수 없는 비율	45.2%	49.0%
토익점수	670	631
공모전, 각종대회 입상	20.3%	17.4%
이력서 자원 횟수	27.7	21.6
면접 횟수	4.5	2.7

또한 취업포털 '사람인'에서 취업에 가장 도움이 되는 스터디는 무엇이었는가 라는 설문조사 결과 면접 스터디가 65.7%로 가장 큰 도움을 받았다고 답했다. 그만큼 지원자들이 면접 질문지를 만들고 서로 연습하면서 면접 횟수를 늘린 것이 큰 도움을 받았기 때문이다.

면접 스터디를 통해서 기업과 직무에 대한 분석한 자료를 가지고 면접 질문지를 만들고 서로 면접관과 지원자의 역할을 나누어서 하는 모의면접을 통해 면접 횟수를 늘려라. 그러다 보면 자연스럽게 면접관 앞에서 자신 있게 자신의 의견을 말할 수 있게 되고 자신감을 얻을 수 된다. 면접 횟수가 많을수록 면접에 대한 자신감이 생겨 면접에 통과하기가 수월하다.

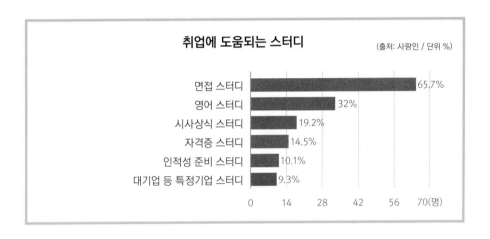

취업에 도움되는 스터디 (출처: 사람인 / 단위 %)

스터디	%
면접 스터디	65.7%
영어 스터디	32%
시사상식 스터디	19.2%
자격증 스터디	14.5%
인적성 준비 스터디	10.1%
대기업 등 특정기업 스터디	9.3%

면접 유형별 특징 및 대처 방법

2

면접 유형 변화

면접은 기업에 따라 다르게 시행되고 있지만 일반적으로 개별면접, 집단면접, 집단토론면접, PT면접, 영어면접 등의 구조적인 형태로 구분하고 있다. 또한 면접 방법에 따라 자유면접, 표준면접, 블라인드면접, 압박면접, 이색면접 등으로 나누고 있다. 기업들은 이 중 한 가지 또는 두세 가지를 병행해 실시하고 있다.

예를 들어 같은 집단면접이라고 하더라도 1차 집단면접은 실무진면접으로 직무 중심의 압박질문 등으로 이루어져 있고, 2차 집단면접은 임원면접으로 인성 중심의 자유면접과 표준면접이 주를 이루고 있다.

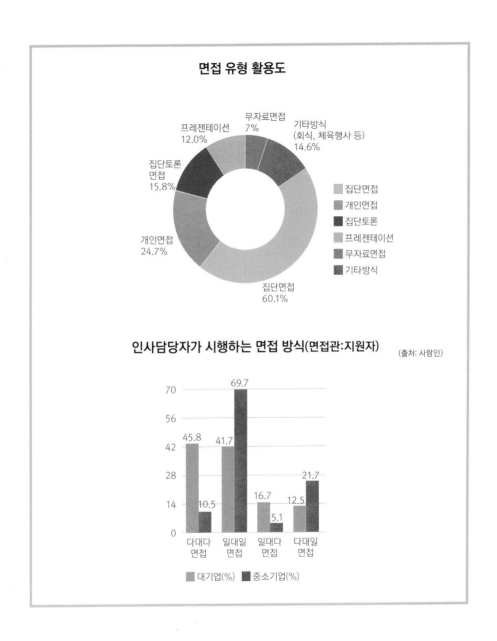

면접 유형 활용도

무자료면접
7%

프레젠테이션
12.0%

기타방식
(회식, 체육행사 등)
14.6%

집단토론
면접
15.8%

개인면접
24.7%

집단면접
60.1%

집단면접
개인면접
집단토론
프레젠테이션
무자료면접
기타방식

인사담당자가 시행하는 면접 방식(면접관:지원자)

(출처: 사람인)

대기업(%)
중소기업(%)

예전에는 단체토론, 영어면접, 인성면접을 했었다. 인성면접에서는 지원자들이 자기소개를 하고 면접관들은 제출된 자기소개서를 보고 물어보는 것이 대부

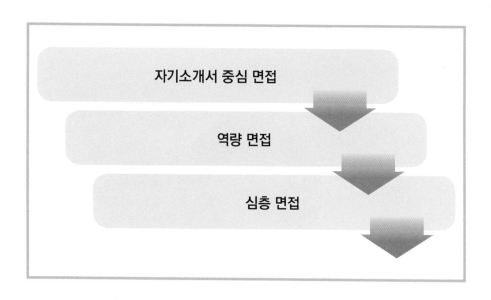

자기소개서 중심 면접

역량 면접

심층 면접

분이고 비슷한 답변을 늘어 놓았다. 앵무새 같다는 느낌을 주기도 하고 기계음처럼 인위적인 느낌을 받을 때가 많았다. 아마도 사전에 이런 질문에는 이런 답을 해야 한다는 모범답안을 가지고 준비해 온 듯 획일화된 답변을 외우고 와서 교과서처럼 말하고 있다는 인상이었다.

이에 기업들이 구조화면접을 도입하기 시작했다. 이 면접 방식에서는 경험 위주로 묻기 때문에 지원자가 외워서 답을 할 수가 없고 본인의 얘기를 들을 수 있다는 장점이 있다.

특정 경험에 대해 구체적인 질문을 많이 하기 때문에 자주 출제되는 역량평가 질문을 토대로 미리 답변을 준비해 두는 게 좋다. 최근에는 과거의 행동으로 미래를 예측하는 것보다 지원자들의 현재 행동을 평가하기 위한 심층면접이 도입되고 있는 추세다.

이렇듯 변화되고 있는 기업들의 방식을 이해하고 지원기업의 면접 프로세스가 어떻게 이루어지고 있는지를 파악해 면접 유형에 맞게 준비해야 한다.

구조적 형태에 따른 면접 유형

● 1:1 개별면접

회사 규모가 작은 경우에 1:1면접이 대부분이며, 헤드헌팅 회사에서 기업에 인재를 추천하기 전에 사전 인터뷰를 하기 위해 1:1면접을 시행하기도 한다. 경력자들의 경우 대부분 1:1면접을 수차례에 걸쳐서 치르기도 한다.

1:1면접은 면접자 한 사람에 대해서 자세히 알 수 있는 반면, 면접관의 기준에 따라 편차에 차이가 있어 공정성을 잃을 수도 있어서 점차 줄어들고 있는 추세

1:1 개별면접 특징

1. 면접자 한 사람을 불러 한 시험관이 개별적으로 질의 응답하는 보편인인 방법(단독면접)

2. 중소기업 및 외국계기업에서 주로 사용

3. 시간이 많이 걸리나 지원자에 대해 자세하게 알아 낼 수 있는 좋은 방법이며, 면접관의 주관이 개입될 소지가 있다.

단독(개인)면접

1:1 개별면접 준비 요령

1. 편안한 면접분위기가 연출될 수 있도록 차분하면서도 일관적인 답변을 준비해야 한다.

2. 면접관의 학연 및 지연 등을 통한 과잉친철도 설정일 수 있기 때문에 흐트러지지 않는 태도를 보여야 한다.

다. 그러나 아직도 중소기업에서는 많이 사용되고 있다. 필기시험이나 인적성검사만으로도 알 수 없는 성품이나 능력을 알아내는 데 가장 적합하다고 할 수 있다.

● 1:다 개별면접

다수의 면접관이 한 사람의 면접자를 대상으로 질문과 응답을 하는 방식이다. 면접관이 여러 명이므로 다각도의 질문이 나올 수 있다. 따라서 면접자는 질문자 한 사람뿐 아니라 다수의 질문자에 대해 즉석 답변을 할 수 있는 순발력 있는 자세를 갖춰야 한다.

또한 답변을 할 때는 질문한 면접관만 보고 답하는 게 아니라 각각의 면접관과 시선 접촉을 하는 것이 매우 중요하다. 때로는 일부러 압박질문이나 황당질문

1:다 개별면접 특징

1. 면접관 여러 명이 한 사람을 불러 놓고 질문하는 방식으로 일반적으로 기업 임원면접 시 사용하는 면접 방법
2. 관찰하는 눈이 많기 때문에 평가의 객관성을 유지할 수 있고 한사람의 다양한 면을 골고루 알아볼 수 있는 장점이 있다.
3. 동료 응시자가 없어서 숨 돌릴 틈이 없다.

1:다 개별면접

1:다 개별면접 준비 요령

1. 관찰하는 눈이 많기 때문에 작은 실수에도 당황하기 쉽고 예상치 못한 질문에도 침착해야 한다.
2. 대기시간에 충분히 긴장감을 풀고 자신감을 갖도록 하라.
3. 다수의 질문자에 대해 즉석 답변을 할 수 있는 순발력이 필요하다.
4. 자세, 시선 관리에 유의해야 한다.

으로 지원자를 곤란에 처하게 하는 경우도 있다.

● 집단면접

다수의 면접관과 다수의 면접자가 질문과 응답을 하는 방식이다. 여러 명이 면접을 보기 때문에 개별면접에 비해 압박감이 덜하지만 면접관은 시간적 여유를 가지고 면접자들을 서로 비교·평가할 수 있다. 질문을 하지 않은 면접관은 면접자들의 경청하는 태도도 보기 때문에 면접자는 자신이 질문을 받지 않을 때에도 타인의 답변에 경청하는 자세를 보이는 것이 좋다.

특히 집단면접의 경우 타 지원자들과 함께 면접을 치르기 때문에 상대평가가 이루어지므로 다른 면접자와 차별화 될 수 있는 답변을 철저히 준비해야 한다. 그러기 위해서는 자신의 경험에 대한 사례를 중심으로 그 당시의 느낌이나 배운 점

다:다 집단면접 특징

1. 면접관 여러 명이 여러 지원자를 불러 놓고 질문하는 면접형식이다. 집단 공통질문과 개별질문을 통해서 지원자들을 평가함으로써 지원자들을 비교할 수 있다는 장점이 있다.

2. 일반적으로 대기업 및 중견기업에서 가장 많이 사용

3. 집단 속에서 묻혀서 밀리지 않도록 자신감이 중요

다:다 집단면접

다:다 집단면접 준비 요령

1. 다른 지원자와 차별화 될 수 있는 답변이 중요하다.

2. 질문이 없을 시 불필요한 행동을 하지 않는다.

3. 자기소개가 첫 질문을 좌우하기 때문에 짧지만 강한 개성 있고 참신한 자기소개가 중요하다.

등을 표현하면 좋다. 여러 명이 함께 들어가기 때문에 대답은 30초 이내로 간단

명료하게 답하는 것이 좋다.

● **집단토론면접**

일정한 주제를 정해 놓고 토론하는 방식이다. 이 경우 다수의 면접자에게 특

정한 주제를 제시해 서로 토론시키고 면접관들은 면접자들의 발언 내용이나 토

론에 참여하는 태도를 관찰해 논리력, 설득력, 팀워크, 리더십, 지식 수준, 적극

성 등을 보게 된다.

지원자들이 자신의 의견을 얼마나 조리 있게 주장하는지도 중요하다. 또 반

집단토론면접 특징

1. 주어진 주제를 놓고 지원자들이 5~8명이 30~40분 정도 토론하도록 한 후, 그 과정을 평가하는 방법이다.

2. 최근 들어 기업에서 급증하고 있는 면접 방식

3. 공통주제에 대해 지원자들의 다양한 견해를 볼 수 있으며 토론을 통해 응시자의 지식 정도와 이해력, 판단력, 설득력, 협동성은 물론 조직융화력 및 대인관계 능력 파악에 용이

사회면접관

프레젠테이션 1   프레젠테이션 2

집단토론면접 준비 요령

1. 두괄식 결론부터 이야기하는 게 좋다.

2. 토론엔 정답이 없기 때문에 자신의 주장만 강조하는 것은 좋지 않으며, 방관하는 자세는 더욱 안 좋다.

3. 다른 사람의 말을 경청하는 자세와, 자신의 의견을 개진하는 연습이 필요하다.

대의견에 대해서도 수용하는 태도나 존중하는 모습을 평가하기 때문에 반대의
의견을 들을 때는 발언자의 눈을 맞추고 고개를 끄덕이는 정도의 제스처를 사용
하면 좋다.

토론면접 시 주의해야 할 점은 두괄식으로 표현하라는 것이다. 토론면접은 정
답이 있는 것은 아니기 때문에 자신의 생각을 논리정연하게 펼치는 것이 중요하
다. 너무 자신의 생각만을 고집한다든가 방관하는 태도를 보이는 것도 감점이다.
또한 토론의 진행자가 된다고 해서 반드시 점수를 잘 받는 것은 아니다. 진행자가
되겠다고 자청했지만 토론 시간에 맞추어 제대로 진행을 이끌어 가지 못하면 오
히려 감점을 받기도 한다.

토론 시 자신의 생각을 펼칠 수 있는 자신감이 중요하지만 상대의 의견을 존
중하는 자세도 중요하다. 따라서 반대 의견을 듣고 난 후 답변 시에는 "○○○ 지
원자님의 좋은 의견 잘 들었습니다. 하지만 저는 조금 다르게 생각합니다"라며 상
대의 의견에 일부분 동조를 하고 나서 자신의 반대되는 생각을 제시하는 것이 좋
은 점수를 받을 수 있다.

● 프레젠테이션면접

일정한 주제가 면접 직전에 주어지고 면접자들은 주어진 주제 중 하나를 선택
해서 자신이 원하는 방식으로 정해진 시간 안에 자신의 생각과 의견을 개진하는
면접 방식이다. 최근 들어 대기업의 경우 프레젠테이션면접이 크게 증가해 80%
이상이 시행하고 있다.

면접관은 면접자가 자신의 생각을 대중 앞에서 충분히 전달할 수 있는지에
대한 의사전달능력, 실무지식, 창의력, 표현력, 기여분야 등을 중점적으로 평가

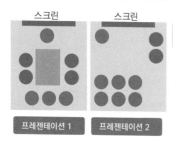

프레젠테이션면접 특징

1. 사전에 3~5개의 주제를 정해 주어진 주제에 따라 지원자가 자신의 의견, 경험, 지식 등을 가지고 발표자료를 만들도록 하고 실무부서의 여러 사람 앞에서 의견을 발표한다.

2. 사전에 30~40분 정도 정보 준비시간을 주고 5~10분 발표 후 면접관들이 질문을 하게 된다.

3. 전공심화 문제나 시사적인 문제, 회사별 직무수행 시 직면할 수 있는 상황을 제시하기도 한다.

스크린　　　스크린

프레젠테이션 1　　　프레젠테이션 2

프레젠테이션면접 준비 요령

1. 문제해결능력, 전문성, 창의성, 기획력 및 발표력은 하루 아침에 좋아질 수 없기 때문에 준비가 중요하다.

2. 정보전달과 설득, 그리고 흥미를 유도하기 위한 엔터테인먼트의 성격으로 준비하는 게 좋다.

3. 지휘봉이나 손을 이용해 일정지역을 가르키면서 면접관의 시선을 자연스럽게 유도한다.

하게 된다.

　프레젠테이션면접의 경우 면접자의 자신감 있는 태도나 시각적인 요인이 큰 영향을 미칠 수 있다. 따라서 내용이 부족할 것 같으면 도표나 그래프 또는 그림 등을 이용해서 비교해 보다 쉽게 설명하면 좋은 점수를 받을 수가 있다. 또한 주어진 시간 안에 발표가 끝나야 하므로 시간을 초과하지 않도록 주의한다. 발표 시 용어 선택에 주의해야 하고 논리적 판단을 근거로 발표하는 것이 중요하다. 너무 무리한 주장을 내세워서도 안 된다.

　발표가 끝나고 나면 직무와 관련된 질문들이 주어지는데 이때 압박질문이 들어오더라도 당황해서는 안 된다. 압박질문을 받으면 얼버무리거나 당황해서 답을 못하는 경우나 눈물을 흘리는 지원자들도 있다. 질문에 답을 못했다고 해서 간혹 자신감을 잃을 필요는 없다. 자신이 발표한 질문에 대해서 지적을 받았다고 하면 "죄송합니다. 제가 미처 생각하지 못했습니다. 입사하게 된다면 꼭 추후 보완해 숙지하도록 하겠습니다. 지적해주셔서 감사합니다" 등과 같은 유연한 태도로 대처하는 것이 좋은 인상을 남길 수가 있다.

● 영어면접

최근 들어 영어 공인점수의 인플레이션이 심해 영어면접을 하는 기업이 늘고 있다. 이력서에 영어 실력이 우수하다고 적으면 예고 없이 면접자가 영어로 질문을 던진다. 긴장하지 않고 적절한 어휘를 선택해 자신의 의견을 제대로 전달하면 충분하다. 많은 지원자들이 걱정하는 발음은 사실 그리 중요하지 않다. 키워드를 중심으로 두괄식으로 문장을 구성하면 간결하다.

최근 영어공인점수는 높지만 실무에서는 제대로 구사하지 못하는 지원자들이 많기 때문에 영어면접을 하는 기업들이 늘고 있다. 면접관이 질문했을 때 완벽한 문장이나 문법이 아니더라도 자신 있게 자신의 의견을 답할 줄 알아야 한다. 발음이 중요한 것은 아니기 때문에 기업이나 직무 관련 키워드를 중심으로 문장을 만들어서 연습하면 좋다.

영어면접을 하지 않는 기업들은 국내에서 실시되는 영어 말하기 시험 즉, '토익(TOEIC) 말하기 시험', '오픽(OPIc)', '지텔프(G-TELP)' 등의 성적을 요구하기도 한다. 영어면접 시 외워오는 지원자들이 많아서 요즘은 회사나 직무와 관련된 구체적인 상황을 설명해주고 지원자라면 어떻게 대처하겠는가의 식으로 물어본다. 따라서 정확한 언어 구사력이 아니더라도 자신의 의견을 적극적으로 표현하려는 자세가 중요하다. 또한 자신의 경험 등을 들어서 이야기하면 면접관의 관심을 이끌 수 있다.

● 임원면접

1차 실무진면접에서 기본적인 직무역량을 통과한 지원자들이 2차에서 인성 중심의 임원면접을 실시하고 있다. 임원면접은 1차 실무진면접과는 달리 주로 임원진들이나 부장급 이상이 면접을 보기 때문에 분위기가 부드러운 편이다. 임원면접에서는 1차 실무진면접 때의 직무 중심의 압박질문과는 달리 주로 인성을 중심으로 한 질문이 이루어진다. 따라서 인성면접은 다른 면접과는 다르게 2차 면접에서 시행하는 경우가 많다.

취업포털 '인크루트'가 매출 500대 기업 중 258개사를 대상으로 설문조사를 한 결과 면접 방법 중 가장 많이 하고 있는 면접이 바로 인성면접(89.1%)으로 나타났다. 임원들은 회사에 20년 이상 근무한 이들도 많고 그만큼 회사에 대한 애착이 남다른 사람들도 많다. 그렇기 때문에 임원들은 회사에 입사하고 싶은 열의를 적극적으로 보여주는 지원자에게 호감을 느끼곤 한다.

또한 직무 중심으로 너무 잘난척을 하는 지원자보다는 겸손하면서도 진정성이나 인간미를 느낄 수 있도록 하는 것이 중요하다. 하루 종일 면접을 보느라 지친 면접관들을 위해서 적절한 유머나 재미있는 사례 등을 들어서 답을 하면 면접관의 관심을 끄는 데 성공할 수 있다. 실제 CEO를 상대로 면접 시 어떤 인재를 뽑고 싶냐는 질문에 87.9%가 재미있는 인재를 뽑고 싶다고 답했을 만큼 임원면접에서는 실무진면접과는 또 다른 자기소개나 전략이 필요하다.

심층면접의 종류에 따른 면접 유형 및 대처 방법

심층면접이란 말 그대로 지원자들의 숨겨진 속성을 파악하기 위한 다양한 면접 방법이다. 주로 이루어지는 심층면접의 종류로는 합숙면접, 이색면접, 액션면접, 역량을 기반으로 한 면접 등을 들 수 있다. 이외에도 피면접자를 세밀하고도 다양한 방법을 통해 검증하고자 한다면 이를 심층면접이라 할 수 있다.

● 합숙면접

합숙면접은 금융권에서 최초로 시작된 면접이다. 지금은 대기업으로 점차 확산되고 있는 추세다. SK텔레콤, LG CNS, 대명그룹, 대우조선해양, 이랜드, 엠코코리아 등이 합숙면접을 실시하고 있는 주요 그룹이다.

합숙면접은 1박 2일, 또는 2박 3일 동안 특정 장소에 들어가서 다양한 프로그램을 통해 지원자의 종합적인 역량과 인성 등 준비 정도를 알아본다. 기간이 길기 때문에 그룹면접, 프레젠테이션면접, 토론면접은 물론 프로젝트 수행까지도 가능하다. 따라서 준비된 인재는 자신의 역량을 유감없이 발휘할 수 있고 준비되지 않은 사람은 아무리 순발력이 있더라도 좋은 평가를 받지 못하는 심층면접의 한 종류라고 할 수 있다.

과거 SK텔레콤의 합숙면접을 예로 들면 먼저 연수원에 도착 후 간략한 오리엔테이션을 하고 분과룸으로 이동해 SKT 브랜드 홍보를 위한 UCC를 제작한다. 한 팀당 팀원이 약 10명 정도다. 3시간 동안 UCC를 제작하는 동안 면접관들이 UCC를 제작하는 과정을 관찰하게 된다. 오후에는 역량면접, 영어면접 등을 실시하게 되는데 영어면접은 30분 정도 진행되는 간략한 테스트 정도로 이해하면 된다. 역량면접에서는 비즈니스 사례가 주어진다. 면접 대기장소에서 약 1시간 동안 상황을 읽고 면접실에 들어가 면접관 2~3명 정도와 면접을 본다. 이때 역량면접뿐 아니라 인성면접에 대한 부분이 함께 이루어진다. 그리고 별도의 개인과제가 주어진다. 예를 들면 'SK텔레콤에 입사한다면 이것만은 꼭 바꾸고 싶다'라는 주제를 가지고 2시간 동안 두 페이지 분량의 논술문을 작성하는 것이다.

저녁을 먹고 넓은 장소에 모여 '99초를 잡아라'라는 게임을 진행하는데 이때는 리더십, 팀워크, 창의성, 열정 등을 종합적으로 파악하게 된다. 이렇게 하루가 마무리되면 다음날에는 본격적으로 프로젝트를 수행하고 이와 관련된 평가가 이루어진다. 우선 전날 팀과는 다른 팀을 구성해 시뮬레이션훈련(Simulation Exercise)이라는 프로젝트를 하게 된다. 이는 SK텔레콤 직원들의 하루를 모의 체험하는 활동이다.

예를 들면 '팀장은 10명의 팀원들을 남겨두고 해외출장을 갔다. 각 팀원들은 업무를 수행하면서 개인에게 주어진 과제를 해결해야 한다. 그리고 또 소규모 그룹을 나누어 과제가 부여'된다. 즉, 5인 과제가 4개, 10인으로 구성된 팀 과제가 2개, 그리고 개인 과제가 26개다. 시간은 5시간 이상이 부여되지만 1시간씩 총 2회의 미팅이 있기 때문에 원만한 회의를 위해서는 준비시간도 필요하다. 따라서 10인 과제, 5인 과제를 수행하는 데도 시간이 빠듯하기 때문에 개인 과제까지 수행하기에는 벅차기 마련이다.

관건은 얼마나 팀 활동에 충실하면서 개인 과제까지 수행하는지에 대한 부분인데 절대 쉽지 않은 훈련이다. 주의할 점은 팀 과제를 도외시하고 개인 과제에 지나치게 집중할 경우 좋은 평가를 받을 수 없다. 이런 프로젝트 활동을 통해 지원자가 가지고 있는 창의적인 아이디어, 다른 사람에 대한 수용성과 팀워크, 논리성, 문제해결력, 리더십, 순발력 등을 종합적으로 볼 수 있게 된다. 합숙면접을 통해 지원자의 다양한 능력을 볼 수 있지만 시간이 많이 소요되고 상대적으로 비용도 많이 들기 때문에 현실적인 어려움이 있는 면접 방법이기도 하다.

● 이색면접

기업 내에서 이루어지던 면접장을 벗어나 색다른 장소에서 기존 방식과는 다르게 진행하는 면접 방식이다. 면접자 30명과 면접관 3명이 1개 조로 편성돼 하루 종일 어울리며 진행하기도 하고, 면접자 6명이 한 팀이 되어 부장, 과장, 대리 등 4명으로 구성된 회사 중간간부들과 하루를 보내기도 한다.

기존 장소와는 다른 놀이공원, 사우나, 노래방, 볼링장, 영화관 등 다양한 장소에서 면접이 이루어지며 다각도로 지원자들을 평가하게 된다. 분위기가 좋은 경우 술자리로 이어져서 면접이 계속되기도 한다. 이때 술을 잘 마시고 못 마시고가 중요한 것이 아니라 술자리의 분위기를 얼마나 잘 유지해 나가느냐가 중요하다. 같은 면접자들끼리 자연스럽게 어울리며 자신의 장점을 잘 드러나도록 해야 한다.

● 액션면접

어떤 실제 상황이 주어지고 지원자들이 그 상황을 어떻게 대처하는 지를 평가함으로써 이론이 아닌 실무를 직접적으로 평가하는 면접이다. 지원자들의 잠재능력을 적극적으로 발견하기 위한 면접 방법이기도 한다. 면접장에서 지원자들의 말로 평가하는 시대에서 직접 지식을 동원해서 지원자들이 어떻게 상황에 대처하는지를 평가하기 때문에 지원자들이 당황하는 면접이기도 하다.

일률적인 성적, 서류보다 개인의 인성, 적극성, 추진력 등을 평가할 수 있다. 액션면접은 말만 잘한다고 해서 좋은 점수를 받는 게 아니다. 지원자의 전반적인 태도를 보기 때문에 도전정신이 강하다고 자기소개서에 썼던 지원자가 놀이공원면접에서 자이로드롭을 무서워서 못 탄다면 그 또한 거짓말이지 않겠는가? 한 은행에서는 액션면접으로 면접장에서 여러 가지 사물을 준비해 두고 그 중 하나를 골라서 면접관에게 직접 팔아보게 해서 지원자들의 잠재능력을 평가하기도 했다. 때문에 이런 면접을 대비해 자신이 어필하려고 했던 장점을 말이 아닌 행동으로 표현해 보는 연습이 필요하다.

● 역량면접

역량면접은 기술, 지식, 능력 등 평가하고자 하는 역량에 초점을 두고 면접자가 특정 상황에서 구체적으로 취한 대응 방법을 구조적인 질문을 통해 도출함으로써 면접자의 행동 패턴과 역량을 파악하는 방법이다.

역량면접이란?

지원자가 지원 직무에 필요한 역량을 보유하고 있는지 검증하는 면접 과정, 각 회사가 요구하는 '역량'을 근거로 지원자가 과거 어떤 행동(경험)을 했는지 탐색해 지원자의 미래 성과를 예측, 평가 하는 면접 방식으로 역량면접의 핵심은 사실관계에 대한 철저한 검증이 필요하다.

말 그대로 각 직무별로, 또는 회사의 가치에 필요한 역량에 대해 정의해 놓고 그 역량을 검증하기 위한 면접기법으로 주로 대기업을 중심으로 많이 이루어지고 있지만 점차 중소기업들도 점차 늘려가고 있는 추세다.

역량면접의 유형은 크게 두 가지로 나뉘어진다.

첫째는 가치역량에 대한 부분이다. 이는 기업이 추구하는 핵심가치를 지원자가 보유하고 있는지 검증하고자 하는 면접이다. 인재상과도 밀접한 연관이 있는 부분으로 어느 기업의 인재상이 '창의성', '도전정신'이라면 창의성과 도전정신이 필요한 가치역량이다.

입사서류전형과 면접 과정에서 이 부분을 보기 위해 여러 가지 방법을 동원할 것이다. 기업들이 인재상만 제시해 놓고 실제적인 검증은 일반적이고 단순한 방법으로 이루어진 틀에서 벗어나 분명하게 가치역량을 정의해 놓고 정의된 가치를 검증하기 위해 질문을 만들고 질문을 통해 가치역량을 검증하는 방식을 활용하고 있다.

또 다른 하나는 직무역량이다. 예를 들어 직무가 '생산관리'라면 생산관리 업무를 잘하기 위해 필요한 역량은 '분석성', '계획성' 정도가 될 수 있을 것이다. 그러면 이 직무 역량을 평가하기 위해 '분석성'이라는 역량에 관련된 질문을 하는 식이다. "학창시절 분석력을 발휘해 프로젝트를 성공적으로 수행한 경험에 대해 말해주세요"라는 질문을 통해 직무에 필요한 지원자의 분석력을 검증한다.

이렇듯 면접관은 직무역량면접을 통해서 지원자의 직무와 관련된 경험과 능력을 알고 싶어 한다. 그렇기 때문에 "학창시절 가장 힘들었던 때는 언제입니까?"라는 질문에 "군대시절입니다"식의 단답형 대답을 하면 안 된다. 면접관은 질문을 통해서 언제, 무슨 일이 있었고, 결과적으로 어떤 배움을 얻었으며, 입사 후에 어떤 도움이 될지를 알고 싶어 하는 것이다. 단답형 질문이라도 면접관의 의도를 파악해서 서술형으로 대답을 해야 한다는 것을 명심하자.

3

면접 유형에 따른
자기PR 방법

자기소개와 자기PR

본래 자기소개란 면접 시 지원자의 성향과 특징을 서류전형 시에 제출한 이력서와 자기소개서를 보지 않고 지원자가 하는 말을 통해서 알 수 있는 방법을 말한다. 짧게는 30초, 길게는 1분이라는 제한된 시간 안에 지원자의 말하는 태도와 목소리를 듣고 지원자의 성향이나 능력, 자신감 등 전반적인 사항을 알 수 있다. 면접 시 지원자의 첫인상은 자기소개에 달려 있다고 해도 과언이 아니다.

그러나 요즘은 예전과 달리 단순한 자기소개가 아닌 자신의 강점을 내세워 면접관을 설득해야 한다. 상대에게 단순히 자기를 설명하는 게 아니라 자신이 어떤 사람이고 강점이 무엇이고 기업을 위해서 어떻게 기여할 수 있는지를 어필해야만 한다.

짧은 만남을 통해서 나의 생각을 다 전달할 수는 없기 때문에 나를 좀 더 괜찮게 보이기 위해서는 나만의 스토리를 정리해 자신을 마케팅한다. 이것이 바로 자기소개가 아닌 자기PR을 해야 하는 이유다. 따라서 면접장에서의 자기소개 시에는 설명이 아닌 설득의 기술이 필요하다.

	설명	설득
목적	상대방을 이해·납득시키는 일	상대방을 이해시켜 상대방의 마음을 움직이게 하는 것
항목	성장배경, 학창시절, 성격의 장단점, 지원동기 및 입사 후 포부의 순으로 자기소개서의 내용으로 설명	장점, 특기, 관련 경험, 명언, 광고카피, 유명인/CEO어록 등 위주로 자신의 강점으로 설득
연관성	설명을 잘하면 상대방을 설득시킬 수 있다. 설명+특징(강점)=설득	
차이점	자기소개	자기PR

면접장에서 단순히 자신이 취업을 위해 준비해 온 것에 대해서 설명하고자 한다면 절대 면접관의 마음을 움직일 수 없다. 자신의 강점을 찾아서 설명해야 면접관의 마음을 사로잡을 수 있는 것이다. 예를 들어 핸드폰 매장에 스마트폰을 사러 갔는데 점원이 여러 종류의 스마트폰에 대해서 간단한 설명만 해준다면 어떤 것을 골라야 할지 모른다. 하지만 점원이 각 스마트폰에 대해서 장단점을 말해준다면 한결 선택하기 수월하다.

이처럼 면접에서는 다른 지원자들과 차별될 수 있는 자신만의 강점을 적극적으로 어필해야 합격할 수 있다. 좋은 스펙을 가지고도 취업에 성공하지 못하는 이유도 바로 자신의 강점을 면접장에서 제대로 어필하지 못했기 때문이다.

또한 각 면접 유형별로 특징이 다르기 때문에 한 가지 자기소개를 준비해서 모든 면접에서 똑같이 활용하려고 하면 낭패 보는 경우가 많다. 때문에 면접 유형에 맞는 자기소개를 따로 준비하는 것이 합격률을 높일 수 있는 전략이다. 지금부터 자기소개 내용을 면접 유형별로 소개하고자 한다.

면접 유형에 따른 자기PR 방법 및 예시

차분하고 여유 있게

1. 1:1로 진행되기 때문에 편안하면서도 차분한 분위기가 될 수있도록 자기PR을 하는 것이 좋다.
2. 시간적 여유를 두고 진행되기 때문에 자기PR을 하는 것보다는 1분 자기소개를 하는 것이 유리하다. 다만 너무 짧게 할 경우 회사에 대한 관심이 부족해 보일 수도 있다.
3. 1분 자기소개를 중심으로 직무 관련 핵심을 넣어 자기PR을 하자.

TIP: 자신이 제출한 자기소개서를 기본으로 본인의 지원동기와 준비된 사항을 핵심적으로 담아라.

● 개별면접에 따른 1분 자기소개법

1분 자기소개 만들기 구성

대부분의 기업에서 면접 시 1분 자기소개를 사용하고 있다. 면접에서 지원자의 첫인상은 자기소개에 달려 있다고 해도 과언이 아닐 것이다. 그만큼 1분 자기소개는 매우 중요하다. 특히, 블라인드면접의 경우 지원자가 말하는 1분 자기소개만을 듣고 추가 질문을 해야 하기 때문에 1분 자기소개는 면접관에게는 유일한 데이터가 된다. 면접관의 질문을 유도할 수 있는 자기소개를 하는 것이 좋다. 면접관이 질문한다는 것은 면접자에게 관심이 있다는 얘기고, 관심이 있다는 것은 합격할 확률이 높다는 뜻이다.

그러나 어떤 질문이 들어오느냐에 따라서 이는 또 다를 수도 있다. 면접관이 자기소개를 듣고 지원자에 대해 관심을 갖고 질문을 하는 것이 아니라 자기소개 내용을 가지고서 꼬투리를 잡는 질문이라면 얘기는 달라진다. 때문에 1분 자기소

1단계: 기억에 남을 수 있는 '짧지만 강한' 시작 멘트
•별명 또는 이름, 사물이나 동물에 비유, 관련 제품이나 인재상에 비유 •노래가사를 개사해 시작 멘트로 활용(집단면접, 임원면접 시 유리)

2단계: '시작 멘트'와 자신과의 연관성 표현(학창시절 노력사항)
•학교생활 및 사회활동을 통한 사례로 자신의 강점 표현 •'시작 멘트'를 증명할 수 있는 강점 찾기

3단계: 강점이 입사 후 회사/직무에 어떤 도움을 줄 수 있는지
•입사 후 각오, 입사한 후에 임하는 자세

4단계: 시작 멘트를 다시 한 번 말하고 "지원자 OOO였습니다. 감사합니다" 라고 마무리
•시작 멘트를 반복함으로써 각인효과

개 후 자신에게 관심을 갖도록 상황을 만들어야 한다. 따라서 단순한 소개에 그쳐서는 안 되고, 자신의 강점을 어필할 수 있어야 한다.

처음 시작할 때 짧지만 강한 멘트를 해야 상대방이 기억하기 쉽다. 또한 1분 자기소개 마지막에 처음 시작했던 멘트를 다시 한 번 언급해서 면접관에게 각인효과를 심어 자신을 더 잘 기억하게 만들어 준다. 시작 멘트가 "~ 지원자 ○○○입니다"였다면 끝나는 멘트는 "~ 지원자 ○○○였습니다. 감사합니다"로 인사하는 것이 상대의 기억에 더 오래 남을 수 있다.

● 집단면접에 따른 자기PR 방법

짧지만 강하게 준비

1. 다:다로 진행되기 때문에 다른 지원자들과 차별화될 수 있는 자기PR을 준비한다.
2. 짧은 시간 안에 지원자들을 모두 평가해야 하기 때문에 간단한 자기소개를 시키기도 한다. 따라서 1분 자기소개 외에 30초 이내로 짧지만 강한 자기PR을 준비하는 게 유리하다. 너무 많은 내용을 말하기보다 한가지에 집중해서 어필하는 게 좋다.
3. 별명을 예를 들어 자신을 장점화시키는 자기PR을 지원회사 관련 제품에 비유해 자기PR한다. 사물이나 동물 등 특정 단어에 비유한 자기PR 등이 있다.

TIP: 면접관의 기억에 남을 수 있도록 준비한다.

별명을 장점화시키는 자기PR구성 및 사례

STEP 1. 자신의 성격이나 특징을 나타내는 단어나 별명을 사용하라

STEP 2. 왜 그러한 사람인지, 자신과의 연관성(근거)을 밝혀라

STEP 3. 근거를 지원 분야에 적용하라(장점을 내세워 설득시켜라)

STEP 4. 처음 이미지를 사용해 끝인사를 하라

〈1단계〉 안녕하십니까? '소머즈'라는 별명을 지닌 지원자 이은경입니다.

〈2단계〉 저는 오감 중에서도 특히 청각이 발달되어 있습니다. 그래서 학교에서 친구들이 멀리서 제 얘기를 할 때 제가 "너네 내 얘기하고 있지?"라고 말하면 다들 깜짝깜짝 놀랍니다.

〈3단계〉 저는 부모님이 주신 이 강점을 고객의 소리를 듣는 데 사용하겠습니다. 좋은 소리 뿐만 아니라 고객이 하는 쓴소리도 마다하지 않고 다 들어서 고객을 만족시킬 수 있도록 보완하는 데 사용하겠습니다.

〈4단계〉 소머즈라는 별명으로 고객들의 쓴소리도 단소리로 바꿀 수 있는 지원자 이은경이였습니다. 감사합니다.

● 집단토론면접에 따른 삼행시 자기PR 방법

삼행시로 간단하게

1. 토론면접은 시간이 정해져 있기 때문에 토론에 방해가 되지 않도록 토론 전에 간단하게 자기PR을 시킨다.
2. 토론에 앞서 경직된 분위기를 풀기 위해 간단한 자기소개를 하고 시작한다. 이때 너무 심각하거나 일반적인 내용으로 준비하는 것보다는 재미있게 자기PR을 해서 분위기를 편안하게 만드는 것이 좋은 평을 받을 수 있다.
3. 주로 10초PR 등 짧게 자기PR을 한다. 이름을 이용한 '삼행시'로 간단하게 자기PR을 해보자.

TIP: 이름을 이용한 삼행시를 재미있게 준비하자.

이름을 이용한 삼행시 자기PR 사례

최 수 지	최: 최진사댁 셋째 딸은 　　얼굴도 안 보고 데려간다고 했습니다. 수: 수지는 현대판 둘째 딸입니다. 지: 지도 쫌 데려가이소!

● 프레젠테이션면접에 따른 자기PR 방법

직무 관련 브랜드네이밍

1. PR면접은 정해진 시간 안에 자신이 선택한 주제를 말하고 내용을 발표하므로 별도로 자기PR을 시키지 않는 경우도 있다.
2. 주어진 상황에 대한 문제해결력과 창의력 등을 평가하거나, 전공이나 직무 관련 전문성을 알아보기 위한 주제가 주어진다. 따라서 직무에 관련한 자신만의 비전을 보여주는 브랜드네이밍을 만들어서 직무에 대한 남다른 관심도를 표현한다.
3. 직무 관련한 간결하고 단순하게 브랜드네이밍으로 자기PR을 하자.

TIP: 직무 관련 브랜드네이밍으로 직무에 대한 관심을 표현한다.

브랜드네이밍을 이용한 자기PR 사례

STEP 1. 직무에 관련한 단순하고 간결하게 브랜드네이밍을 만든다

STEP 2. 첫인사를 자신의 이름 앞에 브랜드네이밍을 소개한다

STEP 3. 브랜드네이밍에 대해 간략하게 소개하고 지원업무 뒤에 브랜드네이밍으로 다시 한 번 소개한다

STEP 4. 발표주제에 대해서 말하고 발표를 시작한다

"안녕하십니까? 글로벌 오지랖 김○○입니다.
전 세계를 내 집처럼, 내 발걸음이 길이 된다!
전 세계를 상대로 오지랖을 펼 칠 수 있는 신입사원, 해외영업 부문에 지원한 글로벌 오지랖 김○○입니다.

지금부터 ~에 대한 주제로 발표를 시작하겠습니다.

● 임원면접에 따른 유쾌한 자기PR 방법

재미 or 감동

1. 실제로 임원들은 채용 시 잘 노는 인재를 선호하기에 자연스럽게 면접관을 웃길 수 있도록 재미있게 자기PR을 준비한다.
2. 직무 관련 질문보다는 인성 중심 면접을 하기 때문에 면접장 분위기를 환하게 만들어 주는 지원자에게 관심을 준다.
3. 엔큐(EnQ)를 이용해 재미있게 자기PR, 기업의 인재상에 비유해 자기PR, 진솔한 감동을 주는 자기PR을 한다.

TIP: 면접관을 웃게 만들면 합격확률이 크다.

엔큐(EnQ)의 중요성

엔큐(EnQ)는 엔터테인먼트 지수(Entertainment Quotient)의 준말로, 주위 사

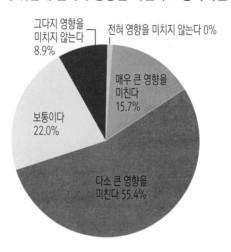

엔큐가 취업에 얼마나 영향을 미친다고 생각하는가?

그다지 영향을 미치지 않는다 8.9%

전혀 영향을 미치지 않는다 0%

매우 큰 영향을 미친다 15.7%

보통이다 22.0%

다소 큰 영향을 미친다 55.4%

취업을 위해 엔터테인먼트적인 장기(개인기, 노래, 유머 등)를 미리 준비해 본 적이 있는가?

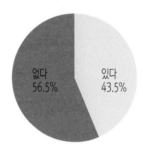

없다 56.5%

있다 43.5%

취업을 위해 엔터테인먼트적인 장기를 준비했다면 어떤것이 있는가(복수응답)?

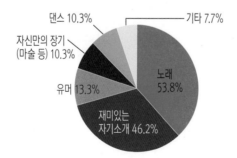

댄스 10.3%

기타 7.7%

자신만의 장기 (마술 등) 10.3%

노래 53.8%

유머 13.3%

재미있는 자기소개 46.2%

람들을 즐겁게 만드는 엔터테인먼트 능력을 뜻하는 신조어다. 단순히 웃기는 유머보다는 개념의 범위가 넓다. EQ(감성지수), SQ(사회지수), NQ(공존지수)에 이어서 EnQ(엔터테인먼트 지수)는 최근 기업 구성원들을 즐겁게 만들어주는 능력을 말한다. 때문에 직장인들의 대부분인 96.8%가 직장생활에 엔큐가 필요하다고 답을 하는 등 'EnQ'의 필요성에 공감하고 있는 것으로 나타나고 있다.

실제 다른 사람을 웃기고 남다른 재주로 분위기를 띄울 줄 아는 사람은 어느 자리에서든 환영받기 마련이다. 함께 살아가는 사회에서 의사소통을 원활히 하고 대인관계를 넓히는데 엔큐가 좋은 수단이 되기도 한다. CEO를 대상으로 실시한 설문조사에서 면접 시 재미있는 인재를 뽑고 싶다고 답한 경우가 87.9%에 달한다. 그러다 보니 최근에는 신입사원 채용에도 엔큐가 높은 사람을 선호하고 있는 것으로 나타나고 있다.

실제로 '인크루트'에서 취업준비생을 대상으로 설문조사 한 결과 '엔큐가 취업에 얼마나 영향을 미친다고 생각하는가'라는 질문에 71.1%가 영향을 미친다고 생각하고 있고 영향을 미치지 않는다고 생각하는 구직자는 8.9%에 불과했다. 실제로 취업을 위해 엔터테인먼트적인 장기를 준비한 구직자들도 43.5%나 되었다. 별다른 장기가 없다고 한다면 재미있게 자기PR을 준비하는 것이 면접관들에게 좋은 인상을 남길 수가 있다.

엔큐(EnQ)가 보이는 자기PR 사례

〈자신의 이름을 활용〉

안녕하십니까?

○○○○에 입사해서 국물이 아닌 건덕으로 살아남을 인재 이건덕입니다.

'평온한 바다는 결코 유능한 뱃사람을 만들 수 없다'는 말이 있습니다. 부모님이 일찍 돌아가셔서 동생들을 뒷바라지 하랴, 제 앞가림 하랴 정신없이 힘든 시간을 보내고 지금 이 자리에 섰습니다.

온갖 역경을 딛고 이겨 온 만큼, ○○○○에 입사해서 어떤 어려움이 있더라도 결코 주저앉지 않고 끝까지 해결해 나갈 것입니다. 폭풍우가 몰아치는 바다에서도 뱃머리를 돌리지 않는 불굴의 도전정신으로 ○○○○에 입사해서 국물이 아닌 건덕으로 꼭 살아남겠습니다. ○○○○에 입사해서 국물이 아닌 건더기로 살아남을 인재 이건덕이었습니다. 감사합니다.

〈노래의 일부분을 활용〉

"쨍하고 해뜰 날 돌아 온단다, 쨍하고 해뜰 날 돌아 온단다." 안녕하십니까? 요즘 같은 불경기에 귀사를 쨍하고 해 뜨게 만들어 줄 남자 이영수입니다.

(중간 생략)

귀사를 쨍하고 해 뜨게 만들어 줄 남자 이영수였습니다. 감사합니다.

〈노래가사를 개사해 활용〉

안녕하십니까? ○○을 위해서 24시간 대기 중인 남자 박인서입니다.

"영동대교 건너, 성수대교 건너, 반포대교 건너서라도 ○○이 부르면 달려갈 거야. 언제든 달려갈 거야." 이렇듯 저 박인서는 ○○이 부르면 밤 12시에라도 달려갈 준비가 되어 있습니다.

시간과 장소 묻지도 않고 따지지도 않겠습니다. 꼭 불러만 주십시오. ○○을 위해서 24시간 대기 중인 남자 박인서였습니다. 감사합니다.

임원면접 자기PR 시 주의사항

임원면접에서는 실무진면접처럼 너무 직무에 치우치기보다는 개인의 인성을 중심으로 재미있게 자기PR을 하는 것이 좋다. 1분 자기소개처럼 너무 길게 준비하면 면접관이 지루해 할 수도 있기 때문에 45초 이내로 너무 길지 않도록 준비한다. 또한 임원들은 영어 등 외국어로 자기소개를 하거나 너무 어려운 한자어로 자기소개 하는 것을 그리 좋아하지 않는다. 너무 어렵게 PR하려고 하지 말고 간결하면서도 단순하게 상대가 쉽게 알아들을 수 있도록 준비하는 게 좋다.

면접질문 및 답변 요령

자주 출제되는 면접질문 BEST 랭킹

면접에서 가장 많이 받은 질문은 바로 지원동기와 자기소개, 그리고 자기PR 이다. 취업포털 커리어에서 실제 구직자 850명을 대상으로 '면접에서 가장 많이 받은 질문'에 대해서 설문조사한 결과 1위는 지원동기(27.8%)였다. 지원동기는 직무지원동기와 회사지원동기로 나뉠 수가 있으며 실무진면접에서는 직무지원동기, 임원면접에서는 회사지원동기를 더 많이 물어 봤다. 2위는 자기소개와 자기PR(24.5%)이 차지했는데 기업들의 면접 유형이 다양해지고 있으며 각 면접 때마다 다른 면접관이 앉아 있기 때문에 처음 면접장에 들어서면 면접관들이 자기소개를 간단하게 시키고 본격적인 질문으로 들어간다.

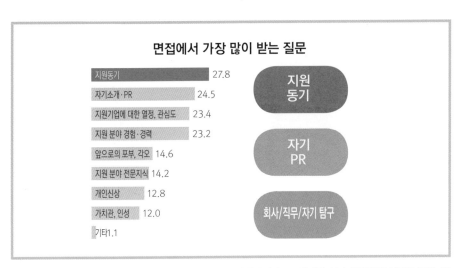

면접에서 가장 많이 받는 질문

- 지원동기 27.8
- 자기소개·PR 24.5
- 지원기업에 대한 열정, 관심도 23.4
- 지원 분야 경험·경력 23.2
- 앞으로의 포부, 각오 14.6
- 지원 분야 전문지식 14.2
- 개인신상 12.8
- 가치관, 인성 12.0
- 기타 1.1

지원동기

자기PR

회사/직무/자기 탐구

* 신입 구직자 850명 대상, 복수 응답(출처: 커리어, 단위: %)

자주 출제되는 면접질문 BEST 랭킹

**공통질문–
자기소개, 지원동기**

1위 – 마지막으로 하고 싶은 말은?
2위 – 입사하면 어떤 일을 하고 싶은가?
3위 – 다른 회사는 어디 지원했는가?
4위 – 우리회사에 대해 아는 데로 말해 보라.
5위 – 취미는 무엇인가?
6위 – 직무지원동기?
　　 – 지방근무도 가능한가?
8위 – 주량은 어떻게 되는가?
　　 – 자신의 특기는 무엇인가?
10위 – 입사 후 포부를 말해 보라.
11위 – 업무 관련 경험은?
12위 – 가장 힘들었거나 어려웠던 경험은?
13위 – 가족소개를 해보시오.
14위 – 자신의 강점은?
15위 – 전공이 희망직무와 안 맞는데 지원한 이유?
16위 – 본인을 채용해야 하는 이유는?
17위 – 희망하지 않는 부서에 배치된다면?

모든 기업에서 공통적으로 가장 자주 출제되는 질문은 지원동기와 자기소개다. 이 두 질문을 제외하고서 면접장에서 가장 많이 받은 질문이 바로 '마지막으로 하고 싶은 말은 무엇인가'라는 질문이다. 이 질문이 중요한 이유는 최종평가와 가장 가까운 질문이기 때문이다. 또한 마지막으로 자신에 대한 평가를 반전시킬 수 있는 좋은 기회이기에 철저한 준비가 필요하다.

기업에서는 지원자에 대한 예의상 면접 시 마지막 기회를 주는 것이다. 따라서 생각 없이 "토요일에 노느냐?", "월급이 얼마나 되는가?" 등을 묻는다면 최악의 답변이 될 것이다. 이는 불합격으로 가는 지름길이 될 수 있다. 자신을 강하게 인식시킬 수 있는 멋진 말을 준비해야 한다.

면접의 정답은 없다? 있다?

● 정답이 없는 경우

면접에 정답은 있다? or 없다??!!

개인 관련 질문

당신 **자신**에 관해 얘기해 보세요.
당신 가장 큰 **장점과 단점**은?
자신이 가장 **잘하는 것**은 무엇인가?
학창시절 **아르바이트 경험**이 있는가?
본인이 **글로벌 인재**라고 생각하는 이유는?

면접에 정답은 없다고 하지만 기업이나 직무 관련 질문에는 분명 정답은 있다. 그렇기 때문에 사전에 기업과 직무에 대한 조사를 하지 않고 면접에 임한다면 우리기업에 성의가 없거나 면접준비가 덜 된 지원자로 판단되어 탈락할 확률이 높다. 따라서 우리는 면접에 정답이 있는 경우와 없는 경우를 정확히 파악하고 이에 따른 준비를 해야만 한다.

면접에 정답이 없는 경우는 개인과 관련한 질문이나 개인의 생각을 묻는 질문일 경우 해당한다.

● 정답이 있는 경우

면접에 정답이 있는 경우는 기업 관련 질문과 직무 관련 질문들에 해당한다. 따라서 지원기업과 지원업무에 대한 정보를 제대로 알고 있지 못하면 면접에서 제대로 답변할 수가 없다. 최근에는 기업과 직무 관련 질문들이 개인적인 질문보다 더 많은 비중을 차지하기 때문에 면접에 성공하고 싶다면 반드시 기업과 직무 분석을 해두어야 한다.

면접에 정답은 있다? or 없다??!!

회사/직무 관련 질문

우리회사의 이름은 무엇이며 무슨 뜻인지 알고 있습니까?
우리회사의 **주력상품은** 무엇이라고 생각하십니까?
우리회사의 **주식**이 얼마나 하는지 말해 보세요.
우리회사의 설립연도가 어떻게 됩니까?
우리회사의 강점과 약점을 말해 본다면? 발전 방향은?
지원한 업무가 정확히 무슨 일을 하는지 알고 있습니까?

면접 이미지케이션

5

이미지케이션이란?

좁은 취업문을 뚫기 위해 반드시 거쳐야 할 관문이 바로 면접이다. 외모가 실력을 뒷받침하는 것은 아니지만 면접관에게 호감을 사면 그만큼 합격 가능성이 커진다. 옛말에 '보기 좋은 떡이 맛도 좋다'는 말이 있다. 이처럼 직무역량뿐만 아니라 면접에서는 보여지는 자세나 태도, 목소리나 말투 등이 매우 중요하게 작용한다. 지원자가 가지는 이러한 이미지는 면접관으로 미러효과, 선행효과를 가지고 상대를 평가하기 때문에 지원자는 자신에 대한 첫인상이 좋아보일 수 있도록 준비해야 한다.

메이크업
헤어스타일

색상
의상

자신감
태도

말투
목소리

표정
몸짓

자세
걸음걸이

**자신의 본질을 바탕으로 면접 상황에 적합한
최상의 이미지를 끌어내는 것**

면접 시 중점 항목

첫 인상을 결정짓는 요소라고 하면 보통 외모를 생각한다. 물론 외모도 시각적 요인에 해당해 전혀 관계가 없다고는 말할 수는 없다. 면접관이 면접 시 가장 중점을 두고 보는 항목은 바로 면접자의 태도와 자세, 그리고 적극성이다.

면접 시 가장 중점을 두고 보는 항목은 무엇인가?

구분	응답 수	비율
태도와 자세	77	34.5%
적극성	44	19.5%
충성도	5	2.2%
협동성	1	0.4%
신뢰성	25	11.2%
창의력	3	1.3%
문제해결능력	18	8.1%
논리적 사고력	11	4.9%
의사소통능력	11	4.9%
관련 분야에 대한 전문성	28	12.6%
계	223	100.0%

* 출처: 인크루트

● 면접 시 태도/자세

서 있는 자세

여자	오른손이 왼손 위로 오게 해 앞쪽으로 모은다. 손의 위치는 배꼽보다 약간 아래에 두는 것이 좋다. 발 앞꿈치는 약 15도 정도 벌린다.
남자	손을 살짝 주먹을 쥔 뒤 바지 옆 재봉선에 붙인다. 가슴을 너무 내밀어서 거만해 보이지 않도록 주의한다. 발 앞꿈치는 약 15도 정도 벌린다.

어깨에 힘을 빼고 축 처진 모습을 하지 않는다.
한쪽 다리에만 힘을 주고 서지 않도록 조심한다.

앉는 자세

여자	다리를 11자 형태로 해서 직선이 되게 내린다. 손 모양은 공수자세를 한다.
남자	다리를 두 발이 들어갈 정도의 사이를 두고 11자로 벌려 앉는다. 손은 허벅지 위에 올려놓는다.

등받이에 기대지 않은 상태를 유지한다.
고개는 정면, 턱을 너무 들지 않도록 하며 시선을 부드럽게 유지한다.

걸음걸이와 자세

- 신발을 끌거나, 무겁게 걷지 않는다.

- 8자걸음을 걷거나 걸음걸이가 너무 방정맞아 보이지 않도록 주의한다.

- 어깨선을 바로 만들어 어깨는 자연스럽게 펴고 힘을 뺀다.

- 걸음걸이 시 팔은 자연스럽게 흔들어준다.

● 면접 시 인사

인사를 할 때 주의할 점은 목례와 경례 시에 시선은 '자신의 신발을 본다'라고 생각하고 고개를 숙이면 더욱 정중해 보인다. 이때 턱을 안쪽으로 잡아당기면서 인사하면 자연스럽게 고개가 숙여진다.

목례[면접장 문 앞에서 – 입장/퇴장 시]
– 기본적인 예의 표현

15도의 가벼운 인사
인사말 없이 고개만

면접장 문을 노크한 후에 면접장에 들어서면 면접관을 향해 가볍게 목례한다. 이때 면접관과는 180도를 향하게 해 목례해야 한다. 걸어 들어가면서 목례를 하거나 옆으로 인사하지 않도록 주의한다. 면접장에서 퇴장 시에도 문을 나서기 전에 가볍게 목례를 하고 면접관에게 등이 보이지 않도록 조심해서 나가야 한다.

경례[면접관 앞에서]
– 자리에 앉기 전에 하는 인사

30도의 정중한 인사
인사말 + 자기소개

● 면접 시 얼굴표정

면접시 지원자의 외모 중 가장 주의 깊게 보는 것은 얼굴표정이다. 자신의 표정은 자신의 심리 상태를 상대에게 보여주는 것이다. 눈은 마음의 거울이라는 소리를 한다. 따라서 눈에 마음을 담아서 따뜻한 눈으로 상대를 바라봐야 한다. 반드시 상대의 눈을 보면서 얼굴표정을 지어야 한다.

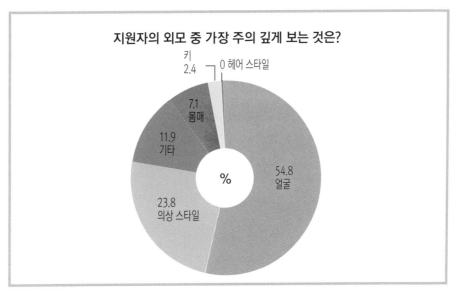

지원자의 외모 중 가장 주의 깊게 보는 것은?

키 2.4
0 헤어 스타일
7.1 몸매
11.9 기타
%
54.8 얼굴
23.8 의상 스타일

* 출처: 커리어

좋은 표정의 주요 포인트

– 상황과 대상에 맞는 표정을 짓고 있는가?

– 입꼬리가 올라가 있는가?

– 턱을 너무 들거나 당기고 있지 않은가?

– 고개를 한쪽으로 기울이고 있지 않은가?

– 바른 시선으로 상대를 바라보고 있는가?

삼가할 표정

- 아무 생각 없는 듯 멍한 표정

- 무표정하게 바라보는 표정

- 눈이 마주쳤을 때 바로 피해버리는 표정

- 흘겨 보거나 뚫어지게 쳐다보는 표정

좋은 얼굴 표정은 태어날 때부터 정해져 있는 것이 아니라 천천히 시간을 두고 바꾸어야 한다. 가령 눈꼬리가 올라간 경우라 하더라도 입꼬리를 올리면 웃은 얼굴표정을 할 수 있다. 때문에 수시로 입꼬리가 올라가도록 연습을 해야 한다.

면접 시에는 가급적 손으로 입을 가리지 않도록 하며, 미소 지은 입모양을 해서 웃는 얼굴표정을 보여주는 것이 중요하다. 평소에 "개구리 뒷다리~"를 10초간 유지해 입꼬리를 올리는 연습을 해두면 자연스럽고 좋은 얼굴 표정을 만들 수 있다.

● 면접 시 시선처리

면접에 있어서 많은 사람들이 시선처리를 힘들어 한다. 상대방의 눈을 쳐다보는 게 창피하다고 생각하는 사람도 많다. 그래서 면접 시 이런 점이 적응이 안되어 있어 자신도 모르게 말을 하면서 계속 시선을 피하게 된다. 하지만 이런 행동은 상대방에게 두려움을 표시하고 자신감 없는 모습과 뭔가를 숨기는 모습을 보여주게 된다. 말을 할 때는 면접관 눈을 자연스럽게 바라보면서 말을 해야 한다.

● 면접 시 말투

면접장에서 너무 기계적인 말투와 외운 듯한 자기소개는 면접관에게 진정성을 전달하지 못하기 때문에 면접관의 관심을 얻는 데 실패할 수밖에 없다. 과거와 달리 무조건 큰 목소리로 자신 있게 말한다고 해서 높은 점수를 받는 것은 아니다. 면접을 준비하면서 너무 암기식의 준비와 교과서적인 내용, 기계음과 같은 말투보다는 오히려 차분하게 대화식으로 말하는 것이 좋은 점수를 받을 수 있다.

또한 자기소개 시에는 너무 여러 가지의 내용을 한꺼번에 어필하려고 하면 자칫 외운 듯한 느낌을 줄 수 있다. 또한 면접관은 지원자가 말하는 내용들을 다 기억하지 못하기 때문에 자신의 강점을 중심으로 차분하게 자기소개를 하고 추가 질문에 대해 대화형식으로 답변하는 것이 좋다. 자기소개를 할 때는 '솔' 음으로 밝고 자신감에 찬 말투를 사용해야 한다. 설득은 실제로는 말하는 사람의 확신과 전달력에 있다는 것을 잊지 말자.

면접관이 질문을 하자마자 바로 답하는 것은 성급해 보일 수 있기 때문에 질문을 받으면 약 1~2초간 쉬고 답하는 것이 좋다. 사투리를 쓰는 경우라면 답변을 천천히 해 상대가 알아듣기 쉽도록 해야 하며 될 수 있으면 표준어를 구사하도록 노력해야 한다.

또한 너무 어려운 한자어나 영어를 남용하는 것은 피해야 한다. '알바', '멘붕' 같은 줄임말이나 은어들은 되도록 사용하지 않도록 주의하자.

자신 있는 말투를 만들기 위해서는 바른 자세로 앉아서 발성연습을 하는 것이 좋다. 면접은 대부분 앉아서 진행되기 때문에 앉은 자세를 바르게 해서 복식호흡으로 연습하는 게 좋다. 복식호흡은 안정적이고 자신 있는 말투를 만들어 주는데 도움이 되며 배에서 나는 소리가 목에서 나오는 소리보다 더 신뢰감이 가고 편안하게 들린다.

말끝은 '~습니다', '~입니다', '~라고 생각합니다' 등 경어를 쓰되 편안한 느낌이 들도록 말해야 한다. '~구요', '~인데요' 등의 어리광스러운 말투를 쓰지 않도록 조심하자. 또한 질문한 답을 모른다고 해서 말끝을 흐리거나 부정확한 발음을 하지 않도록 해야 한다.

면접 시 좋은 이미지를 심어주는 방법 3가지

● 시선을 맞춘다

자기소개를 할 때는 밝은 음성과 자신감 있는 확신에 찬 말투를 사용해야 한다. 설득은 지식과 정보로 인해 되는 것 같지만, 실제로는 말하는 사람의 확신과 믿음의 전달을 통해서 이루어진다. 짧은 시간 안에 그러한 믿음을 전달하는 것은 확신에 찬 말투와 눈빛이다. 당당하고 자신 있게 말해야 한다.

● 제스처를 크게 한다

면접 도중 손으로 입술을 만지는 것은 무언가를 숨기고 있다는 신호라고 한다. 또한 얼굴, 특히 입술을 건드리거나 가리는 것은 심기가 불편하다는 것을 말해주며, 거짓말을 하거나 과장하고 있다는 것을 보여준다.

한마디로 면접을 하면서 입술을 만지고 있으면 면접관들도 괜히 불안하게 만들고, 자신의 불편한 감정을 그대로 노출하는 셈이다. 이러한 사소한 행동으로 이미지가 나빠질 수도 있으니 주의해야 한다.

● 강약을 조절하며 말한다

친숙한 발음과 억양이 귀에 잘 들어온다. 익숙하지 않은 발음과 억양은 듣는 이를 불편하게 한다. 면접관이 잘 알아들을 수 있도록 표준 어휘와 억양을 사용하고 정확한 발음으로 말한다. 또한 기계음처럼 고저장단이 없이 말하는 경우는 책을 읽는 듯한 느낌을 주게 되므로 효과적으로 메시지를 전달하기 어렵다. 평소 대화보다 조금 느린 속도로 악센트를 주면서 말하는 것이 좋다. 연습을 해도 잘 되지 않는다면 자신의 진솔한 마음을 담아서 말한다면 한결 나을 것이다.

면접 프로세스에 따라 지켜야 할 예절

취업포털 '사람인'이 기업 인사담당자들을 대상으로 '면접 에티켓이 채용에 미치는 영향'에 대해 조사한 결과 90%가 '당락에 영향을 미친다'라고 답했다. 보통 면접자들은 면접을 준비하면서 답변 내용에 치중한다. 하지만 답변 내용보다 더 중요한 것이 바로 면접예절이다. 이유를 살펴보면 '입사 후 근무 태도를 가늠할 수 있어서'라는 응답이 50.3%(복수응답)로 가장 많았다. 이어 '에티켓은 사회생활의 기본이라서'(46.9%), '스펙보다 인성을 중요하게 평가해서'(30.9%), '지원자의 성격을 판단할 수 있어서'(24.5%), '입사 의지를 보여주는 것 같아서'(20.9%) 등의 순이었다. 실제로 이들 기업 중 85.8%는 면접 에티켓 때문에 지원자를 불합격시킨 경험이 있는 것으로 나타났다.

감점을 주는 지원자의 유형은 '연봉 등 조건에만 관심을 보이는 지원자'(23.2%)가 1위를 차지했고, '면접시간에 지각하는 지원자'(22.4%)가 바로 뒤를 이었다. 다음으로 '삐딱하고 산만한 자세의 지원자'(13.7%), '성의 없이 대답하는 지원자'(12.1%), '회사 기본정보 파악이 부족한 지원자'(7.7%), '단정하지 못한 옷차림의 지원자'(5.4%), '인사 생략 등 예의 없는 지원자'(4.1%) 등의 의견이 있었다.

반대로 좋은 점수를 주는 지원자의 유형으로는 '기업정보를 미리 파악하고 온 지원자'(33.8%)를 첫 번째로 꼽았다. 다음으로 '다른 사람의 답변에 귀 기울이는 지원자'(15%), '인사를 잘하는 예의 바른 지원자'(13.7%), '면접시간보다 일찍 도착하는 지원자'(12.9%), '단정하고 깔끔한 옷차림의 지원자'(10.6%), '미소를 머금고 있는 지원자'(9.3%) 등이 있었다.

면접을 준비하면서 면접장에서 들어서는 순간부터 면접장을 나오는 순간까지 지켜야 할 면접예절에는 어떤 것들이 있는지 알아보고자 한다.

● 면접 전날 확인 및 숙지할 사항

– 회사의 위치, 교통편, 담당자 이름 및 연락처, 면접시간

면접 장소의 정확한 위치, 교통편과 면접 장소까지의 소요시간을 확인해 면접시간에 늦는 불상사를 사전에 예방해야 한다. 또한 자신을 증명할 수 있는 신분증, 간단한 필기도구, 예비 스타킹(여성의 경우) 등 지참물을 미리미리 챙겨둔다.

잠들기 전에 자신이 제출한 입사지원서 내용을 다시 한 번 확인하고 면접 질문에 일치하는 답변을 준비하도록 한다. 면접 시 회사 관련 질문을 대비해 전날 지원회사의 주가, 최근 기사, 사회적 이슈가 되고 있는 시사적인 문제를 신문기사 등을 통해 숙지한다. 또한 충분한 수면으로 좋은 컨디션을 유지할 수 있도록 일찍 잠자리에 드는 게 좋다.

● 면접 당일 회사 도착 시

> – 회사 건물로 들어서는 순간부터 면접이라 생각하고 긴장해야 한다.
> – 안내받은 시간보다 30분 전에 면접 대기실에 도착하도록 한다.
> – 회사에 들어가는 순간 핸드폰은 꺼둔다.

당일 아침 평소보다 1시간 일찍 일어나서 조간신문의 헤드라인을 읽어둔다. 또한 지원회사 관련 업종에 어떤 기사들이 있는지 확인한다. 또한 아침에 일어나서 '아에이오우'로 입가 근육을 풀어 준 다음 "개구리 뒷다리~"를 10초간 해 입꼬리가 올라가도록 한다. 가볍게 아침식사를 하고 나서 전날에 준비한 복장 및 지참물을 챙겨서 전신거울을 통해 최종 점검을 한다.

면접장에 오라고 안내받은 시간보다 약 30분 전에 면접장에 도착하도록 한다. 너무 일찍 도착해서 면접진행자들을 곤란하게 만드는 것도 실례다. 만약 회사에 너무 일찍 도착했다면 면접장에 바로 가지 말고 회사 주변을 돌아보거나, 가까운 커피숍에서 차 한 잔 마시며 준비한 것을 점검하는 게 좋다. 회사 건물로 들어가서 안내데스크가 있는 경우 안내데스크에서 면접대기실 및 화장실 위치를 확인한 후 화장실에서 옷매무새를 다시 한 번 점검한 후에 면접대기실로 향한다.

● 대기실에서

> – 좋은 태도: 회사홍보지나 면접질문에 대비해 연습, 얼굴근육운동 등
> – 나쁜 태도: 잠을 자거나, 음식을 먹거나, 핸드폰으로 문자를 보내는 등

옆 사람과 너무 큰소리로 떠들지 않도록 주의한다. 조용히 자신의 차례를 기다리며 예상질문에 대한 대답을 연습하면서 차분히 기다린다. 그룹면접 시 사전에 대기실에서 면접관들에게 어떻게 인사할지를 같은 조원들과 조용히 상의한다.

입실하기 전에 "나는 잘 할 수 있다"라고 속으로 외친 후 면접장으로 향한다.

● 입실 시

> – 노크를 두 번 하고 순서대로 입실한다.
> – 면접장에 들어서는 순간 면접관을 향해 간단하게 목례하고 들어간다.
> – 자리에 앉기 전에 정중례로 인사한다.
> – 면접관이 자리에 앉으라고 하면 자리에 앉는다.

집단면접 시 마지막 순번까지 다 입실을 해서 면접관 앞에 섰으면 한 명의 호명 아래 인사를 한다. "차렷, 경례" → "잘 부탁드립니다" 또는 "안녕하십니까" → 인사(정중례)를 한다. 개별면접 시에는 "○○번 ○○○입니다"라고 수험번호와 이

름을 말하고 인사한다. 인사를 한 후에 면접관이 자리에 앉으라고 하면 "감사합니다" 하고 바른 자세로 자리에 앉는다. 이때 의자를 끌어당기지 않도록 주의한다.

● 면접 중 답변 및 시선처리

- 면접관 중 말하고 있는 면접관이 있으면 무조건 그 면접관을 봐야 한다.
- 답변 시에는 질문한 면접관을 중심으로 시선을 맞추며 다른 면접관들에게도 시선을 나누어 맞추어야 한다.
- 면접 시 시선은 면접관의 인중이나 넥타이 목 부분을 바라보면 자연스러운 시선처리를 할 수 있다.

본인에게 면접관이 질문을 할 경우 질문한 면접관을 80%의 비중으로 바라봐야 한다. 다른 면접관을 전혀 보지 않으면 다른 면접관들이 무시당하는 느낌을 받아서 기분 상할 수도 있으므로 다른 면접관들에게도 시선을 주어야 한다.

면접관이 다른 지원자에게 질문할 경우 질문하고 있는 면접관을 바라보고 다른 지원자가 답변을 하고 있을 때는 귀로는 다른 지원자가 대답하는 내용을 듣고 있어야 하지만 시선은 질문한 면접관이 아닌 자신의 앞에 있는 면접관을 비롯해 다른 면접관들과 눈을 맞추도록 한다. 이때 지원자가 바닥을 보거나 경청하지 않는 모습으로 비춰지면 면접관은 돌발질문으로 옆 지원자가 대답한 것에 대해 어떻게 생각하느냐고 본인에게 다시 물어볼 수도 있다.

면접 시 과잉행동을 하지 않도록 조심해야 한다. 면접관이 직접 요청하지도 않았는데 팔굽혀 펴기, 태권도 시범, 마술, 노래 등을 하면 오히려 마이너스가 될 수도 있다.

면접이 끝날 때까지 계속 바른 자세를 유지하도록 주의한다.

● 퇴장 시

> - 면접관이 면접을 끝났음을 알리면 의자에서 조용히 일어서서 "감사합니다"라
>   고 인사한다.
> - 마지막 퇴장하는 지원자는 등이 면접관을 향하지 않게 하고 문을 닫는다.

면접을 끝내고 나올 때에는 면접을 잘 못봤다고 해서 풀이 죽은 표정을 하거나 어깨를 축 늘어뜨리지 않도록 해야 한다. 면접관은 면접자가 면접장을 나가는 순간까지도 평가한다. 이 사실을 명심해야 한다. 면접장을 나온 이후에도 행동이나 말을 조심하고 특히, 다른 면접자와 면접 상황에 대해서 대화하는 일이 없도록 주의한다.

올 댓 취업

초판 1쇄 2012년 12월 3일

· ·

지은이 윤찬진 · 강현규 · 최진희
펴낸이 성철환 **담당PD** 이경주 **펴낸곳** 매경출판㈜
등 록 2003년 4월 24일(No. 2-3759)
주 소 우)100-728 서울 중구 필동1가 30-1 매경미디어센터 9층
전 화 02)2000-2610(편집팀) 02)2000-2636(영업팀)
팩 스 02)2000-2609 **이메일** publish@mk.co.kr
인쇄·제본 ㈜M-print 031)8071-0961

· ·

ISBN 978-89-7442-873-0
값 16,000원